Arbeitskräfte

Lincoln C. Andrews

Writat

Diese Ausgabe erschien im Jahr 2023

ISBN: 9789359254005

Herausgegeben von
Writat
E-Mail: info@writat.com

Inhalt

VORWORT ....- 1 -

KAPITEL I Verwendung menschlicher Werkzeuge ....- 3 -

KAPITEL II PSYCHOLOGISCHE ELEMENTE DER ORGANISATION ....- 21 -

KAPITEL III DIE PRINZIPIEN DER FÜHRUNG ....- 31 -

VORWORT

Vor einigen Jahren übernahm ich im Auftrag von Offizieren der Nationalgarde die damals einzigartige Aufgabe, die Psychologie der militärischen Ausbildung und Führung zu analysieren und die Prinzipien der Kunst des Umgangs mit Männern schriftlich festzuhalten. Die Notwendigkeit, schnell eine große Anzahl unerfahrener Männer als Anführer im Krieg auszubilden, bewies, dass meine Kapitel über Führung und Ausbildung sowohl praktisch als auch hilfreich für Tausende von Zivilisten waren, die sich auf Führungspositionen vorbereiteten. Viele von ihnen, Geschäftsleute und Berufstätige, haben vorgeschlagen, dass ich diese Kapitel neu schreibe und meine Ideen und Methoden an die Anwendung im Zivilleben anpasse. Wir glauben, dass die Grundprinzipien für den Umgang mit Menschen universell anwendbar sind und dass es für die Gemeinschaft von Nutzen sein wird, diese Prinzipien in eine Form zu bringen, damit sie von denen studiert werden können, deren Aufgabe es ist, die Arbeit anderer zu leiten.

Der Begriff „Führung" in diesem eingeschränkten Sinne wird auf die Kunst des Umgangs mit Männern angewendet. Ihr Zweck besteht darin, die latente Kraft zu wecken und zu lenken, die in jedem Menschen vorhanden ist und seine Leistung unter dem Antrieb von Loyalität, Stolz und Interesse verdoppelt, wenn sie von einem geschickten Führer geweckt werden. Praktische Führung ist eine Kunst, keine exakte Wissenschaft. Keine zwei Führungskräfte haben den gleichen Erfolg. Man kann nicht hoffen, diese Kunst dadurch zu erlernen, dass man bestimmte Verhaltensregeln erlernt. Ein guter Anführer ist jemand, dessen Impulse richtig sind; und diese Impulse entstehen aus einer echten Akzeptanz von Prinzipien, aus dem eigenen Glauben, den eigenen Gefühlen und Erfahrungen. Es ist daher eine Frage des persönlichen Verständnisses und der Aufrichtigkeit der Absicht, das Spiel fair zu spielen; ein mitfühlendes Verständnis für das menschliche Tier zu haben und dafür, was die Lebensgesetze ihn unter bestimmten Umständen tun lassen; und schließlich die Wertschätzung der eigenen Persönlichkeit und ihrer Wirkung auf andere. Es wird zu einer lebendigen, lebenswichtigen Angelegenheit, zu der die eigenen persönlichen Erfahrungen den wertvollsten Beitrag leisten. Seine unendliche Vielfalt an Elementen verleiht den täglichen Aufgaben ein unendliches Interesse, während der Erfolg bei der Bewältigung praktischer Probleme ständige Befriedigung mit sich bringt, insbesondere wenn man die Entwicklung eines stärkeren Charakters und eine gesteigerte Effizienz bei den Untergebenen sieht.

Der Krieg hat unsere Demokratie durch die erwachte Individualität von Millionen von Bürgern und durch die Hunderttausende junger Männer bereichert, die er in das bürgerliche Leben zurückgebracht hat, erfahren in den Verantwortlichkeiten und Möglichkeiten der Gruppenführung. Beide werden in der Zukunft starke Einflussfaktoren sein und könnten bei richtiger Führung zu einem großen nationalen Aktivposten werden. Das Maß einer Nation, im Frieden wie jetzt im Krieg, liegt in der Seele und den Zielen aller ihrer Menschen. Der Welt wurde beigebracht, dass Maschinen und die kalten Produkte der Wissenschaft im Krieg nicht gewinnen können. Sie stellen die Ausdauer des Menschen fast auf die Probe, aber am Ende geht die überlegene Arbeitskraft als Sieger hervor. Es ist die *Faser* der Körper, Nerven und Seelen seiner Männlichkeit, die den letzten Test besteht und das Problem beweist. Die Vorbereitung auf den Krieg, die Vorbereitung auf jede Prüfung der Würdigkeit unserer Nation erfordert, dass wir über die Qualität dieser Faser nachdenken. Wenn wir den zukünftigen Erfolg unserer Nation bei allen Unternehmungen sicherstellen wollen, müssen wir ihre Arbeitskräfte jetzt schützen. Zu diesem Zweck sollte jeder, dem die Kontrolle über andere obliegt, seine Verantwortung und seine Chancen wertschätzen. Er kann leicht mit seinen Männern umgehen, um nicht nur ihre Effizienz bei der anstehenden Arbeit zu steigern, sondern auch sicherzustellen, dass sie ihre täglichen Aufgaben in einer Geisteshaltung erledigen, die sie zu glücklicheren und besseren Bürgern macht – charakterstärker und höher Absichtlich loyalere Verfechter unserer demokratischen Institutionen. In diesem Gedanken habe ich dieses Buch geschrieben, das sich an alle richtet, die für die Arbeit anderer verantwortlich sind.

Für besondere Ideen verdanke ich einen Artikel im *Infantry Journal* vom April 1918 von Professor William E. Hocking von der Harvard University; zu einem Vortrag von Admiral Sims, US Navy, der im Februar 1918 in derselben Zeitschrift veröffentlicht wurde; zur Vorlesungsreihe von Bishop Brent an der Harvard University, die unter dem Titel „Leadership" veröffentlicht wurde; und zu „Industry and Humanity" von WL Mackenzie King.

LINCOLN C. ANDREWS.

NEW YORK,
15. JUNI 1920.

KAPITEL I
Verwendung menschlicher Werkzeuge

„Ach, was kümmert es mich!" sagt der Mann, der unter einem armen Anführer arbeitet. „Ich würde alles für ihn tun!" erklärt der glückliche Mann, der einen guten Chef hat. Ein schlechter Anführer kann seine Männer sogar so sehr verärgern, dass jeder tatsächlich versucht, das Geringste zu tun, was er kann, und dennoch seinen Posten zu behalten; Während ein guter Anführer möglicherweise dieselben Männer mit denselben Aufgaben betraut und sie so handhabt, dass er einen Geist weckt, der jeden dazu bringt, sein Bestes zu geben. Arbeitskraft wird somit als eine direkte Funktion der Führung angesehen. Und der Unterschied zwischen den Ergebnissen guter und schlechter Führung ist oft erstaunlich. Das Wunder ist, dass wir diesen psychologischen Faktor zur Leistungssteigerung so lange vernachlässigt haben. Das liegt wahrscheinlich daran, dass wir gedankenlos die Idee akzeptiert haben, dass Führungskräfte „geboren" werden müssen, und nicht aufgehört haben zu erkennen, dass diese Art der Führung in Wirklichkeit eine Kunst ist, die jeder leicht erlernen kann, der über genügend angeborenen Charakter verfügt.

Die jüngste Erfahrung hat uns gelehrt, dass diese Kunst erlernt werden kann – wir müssen also nicht länger mit gefalteten Händen da sitzen und den „geborenen Anführer" bewundern. Was in ihm instinktiv ist, kann analysiert, auf Prinzipien reduziert und auf uns selbst anwendbar gemacht werden. Dies geschah für die Armee, und durch Studium machte sich so mancher unerfahrene Mann im späten Krieg zu einem erfolgreichen Truppenführer. In jedem anderen Tätigkeitsbereich lässt sich das genauso gut umsetzen.

Die Kenntnis dieser Kunst ist in jeder Phase menschlichen Strebens von praktischem Wert – bei der Kindererziehung, in der Schule, im College und im Krankenhaus, im Büro und auf dem Feld und ganz besonders in der Industrie, wo Männer aus materiellen Gründen zusammengeschlossen werden Produktion. Auf jede große Unternehmensorganisation angewendet: Lassen Sie jeden Leiter, vom großen Chef bis zum untersten Untervorarbeiter, die gleichen Führungsprinzipien praktizieren, und schon bald wird die gesamte Maschine von einem Geist der Loyalität, Teamarbeit und *Esprit durchdrungen sein* , der sie wunderbar antreiben wird Grad der Effizienz.

Es scheint, dass die Industrie sich dieser Tatsache heute durchaus bewusst ist. Die Industrieliteratur ist reich an Überlegungen zur Menschlichkeit der Arbeit. Die Arbeitgeber haben erkannt, dass der Kauf von Arbeitskräften ein Vertrag über zukünftige Lieferungen ist und dass der Gewinn, den sie daraus erhalten, nicht so sehr von der bloßen Lieferung der von ihnen gekauften

Arbeitskräfte abhängt, sondern vielmehr von der Kontinuität, in der sie täglich abläuft und stündlich geliefert. Der Arbeitgeber weiß, dass er den loyalen, enthusiastischen und kooperativen Service seiner Mitarbeiter wünscht und dass er diesen nicht für Geld allein bekommen kann. Daher übernimmt er in seinem Unternehmen eine solche Organisation und Politik, die die loyale Zusammenarbeit aller ermöglicht, und versucht dann, seine Männer so zu behandeln, dass dieses Ergebnis erzielt wird.

Letztere Überlegung ist von entscheidender Bedeutung, denn die beste Politik kann durch die Gemeinheit oder Inkompetenz untergeordneter Führungskräfte zunichte gemacht werden. Der Moralbeauftragte eines unserer größten Unternehmen hat kürzlich erklärt, dass er weder mit den Arbeitgebern noch mit den Männern Probleme hat, sondern dass er allerlei Probleme mit den Vorgesetzten und Vorarbeitern hat, die offenbar nicht verstehen, wie sie mit den Männern umgehen sollen. Führungskenntnisse sind nicht nur für den Chef von entscheidender Bedeutung, sondern noch mehr für seine Untergebenen, die in direktem Kontakt mit seinen Männern stehen.

Es ist leicht zu sagen, dass Führungskräfte ihre Männer so behandeln müssen, dass sie Loyalität und enthusiastischen Dienst wecken – aber den meisten von ihnen muss beigebracht werden, *wie* man das macht. Das war der Misserfolg in der Armeeausbildung. Die Handbücher schrieben alle vor, dass der Offizier seine Männer so behandeln müsse, dass Disziplin und eine hohe Moral aufgebaut würden, aber nirgends gab es Anweisungen, wie das zu tun sei. Die Kunst wurde durch die Tradition oft falsch weitergegeben. Der Krieg brachte die Notwendigkeit mit sich, Hunderttausende von Anführern schnell auszubilden, und sowohl hier als auch in ausländischen Armeen wurde es für notwendig erachtet, diese Kunst des Umgangs mit Männern auf schriftliche Prinzipien zu reduzieren, die die jungen Anwärter studieren und anwenden lernen konnten. Dies erwies sich in der Armee als sehr effizient. Im zivilen Leben kann es durchaus ebenso effizient sein. Die grässlichen Verluste durch schlechte Führung und daraus resultierende ineffiziente Arbeit, das Sodbrennen , die Unzufriedenheit und der Mangel an hohen Zielen, die heutzutage in allen Bereichen so häufig sind, erfordern sicherlich einige Aufmerksamkeit, wenn wir die Prüfungen, die uns in den nächsten Jahren bevorstehen, erfolgreich bestehen wollen auf Lager. Wir müssen aufhören, nach Allheilmitteln zu suchen, und uns an die Arbeit machen; und effizient und glücklich arbeiten, im Wissen um die heimische Freude, Dinge gut zu machen, und die Befriedigung, etwas erreicht zu haben.

Unsere Führungskräfte müssen „gute Führungskräfte" sein. Damit sind nicht nur Arbeitgeber und ihre Untergebenen oder nur Gewerkschaftsführer gemeint. Damit ist jeder Mann in der Nation gemeint, der für die Kontrolle und Arbeit anderer verantwortlich ist. Diese Männer sind allesamt Anführer in unserem Sinne, und jeder ist für die Auswirkungen seiner Führung auf die Mitglieder seiner Gruppe verantwortlich, ob groß oder klein. Lassen Sie diese Männer ihre Verantwortung spüren und erkennen, dass die Qualität ihrer Führung weitreichende Auswirkungen auf den Charakter sowie auf die unmittelbare Leistung hat, und dass sie durch persönliches Beispiel und umsichtige Amtsführung leicht eine Welle loyalen Dienstes hervorrufen können, die Unzufriedenheit und Unzufriedenheit mit sich bringt Linderungsmittel geraten in Vergessenheit und überschwemmen das Land regelrecht mit Vernunft, Wohlstand und glücklichem Leben.

Als ersten Schritt in diese Richtung sollte sich jeder Leiter, unabhängig von seinem Geschäft oder Beruf, darüber im Klaren sein, dass er bei der Kontrolle der Arbeit seiner Männer mit *menschlichen Werkzeugen umgeht* – fühlenden Menschen wie ihm selbst. Hier ist eine Handwerkskunst, die es wert ist, studiert zu werden. Man kann nicht hoffen, mit diesen Werkzeugen ohne besondere Überlegung oder Schulung erfolgreich umzugehen. Doch viele haben nie darüber nachgedacht oder darüber nachgedacht, was es für sie persönlich als Führungskräfte bedeutet. Wenn sie dies alleine tun würden, würden sie sich selbst zu einer Amtsführung veranlassen, die zu weitaus besseren Ergebnissen führen würde. Wenn ein Mann damit beauftragt wird, die Bemühungen bestimmter Personen auf ein bestimmtes Ziel zu lenken, werden diese Personen zu Instrumenten in seiner Hand, um dieses Ziel zu erreichen. Sie sind seine Werkzeuge. Er wird feststellen, dass sie empfindliche, schwierige Instrumente sind, die bei geschickter Handhabung großartige Leistungen erbringen können, in ungeübten Händen jedoch stumpf und wirkungslos sind. Jede Führungskraft sollte sich dieser Tatsache bewusst sein und ständig darüber nachdenken: *Meine wichtigsten Werkzeuge sind Menschen und ich muss darüber nachdenken, wie ich als solche mit ihnen umgehen soll.*

Wenn es einem Mann gelungen ist, in eine Führungsposition aufzusteigen, egal in welchem Tätigkeitsbereich – im Sport, im Geschäft, im Büro oder auf dem Feld –, kann es sein, dass er seinen Erfolg nicht mehr durch den geschickten Umgang mit den von ihm verwendeten Werkzeugen erzielt. Es ist nun seine Aufgabe, andere bei der Verwendung dieser Geräte anzuleiten. Diese anderen, diese Menschen wie er, sollen nun *seine Werkzeuge sein* . Und so wie er seine Beförderung dadurch erlangte, dass er seinen Körper, sein Gehirn und seine Nerven darauf trainierte, seine ursprünglichen Werkzeuge optimal zu nutzen, so wird er nun als Anführer erfolgreich sein, indem er lernt, diese neuen menschlichen Werkzeuge geschickt einzusetzen.

Als ersten Schritt zum Erlernen dieser Werkzeuge sollte der Leiter zumindest eine grobe Vorstellung davon bekommen, was dieser Mensch wirklich ist und wie er auf seinem täglichen Weg kontrolliert wird. Betrachten wir daher für einen Moment den Menschen als Tier. Wir finden ihn in seinen Anfängen nackt und allein mit den Tieren im Urwald herumlaufen – ohne Kenntnis des

Gemeinschaftslebens, nicht einmal des Familienlebens, und ohne Kenntnis der Verwendung menschlicher Sprache. Ohne seinen „Willen zur Verbesserung" war er offenbar von Natur aus nicht besser ausgestattet als einige seiner Artgenossen. Doch dieser Wille zur Verbesserung hat es ihm im Laufe der Zeit ermöglicht, in sich selbst seine gegenwärtige wunderbare Organisation von Nervenzentren und koordinierter Kontrolle zu entwickeln und durch die Kraft seiner selbst erfundenen Sprache seine Gehirnzellen mit der Weisheit des zu speichern Alter. So befähigt, zu analysieren und zu argumentieren, hat er Schritt für Schritt Fortschritte gemacht, bis er zu seiner gegenwärtigen Beherrschung der Kräfte der Natur gelangt ist. Heutzutage fliegt er möglicherweise höher als der Adler in der Luft, kann nach Belieben unter dem Ozean arbeiten, kann entspannt sitzen und der natürlichen Stimme eines Freundes über Tausende von Meilen Entfernung lauschen oder kann die Zusammensetzung des Himmels analysieren Körper und prognostizieren mit Genauigkeit jede ihrer Bewegungen. Und was die Menschheit im Laufe der Jahrhunderte in ihrer Entwicklung erreicht hat, das hat jeder Mensch im Laufe seines Lebens zu vollbringen. Denn er wird mit leeren Gehirnzellen und mit weniger Nervenkontrolle als ein Kätzchen auf die Welt geboren, ist aber mit erblichen Fähigkeiten und dem wunderbaren Willen zur Verbesserung ausgestattet, die es ihm ermöglichen, schon in früher Kindheit zu sprechen und zu lesen und seine Fähigkeiten zu entwickeln Zeit in einem Ausmaß, das nur durch den bestimmten Zweck seines Ehrgeizes begrenzt ist.

So ist der Mensch in den äußeren Manifestationen seiner Fähigkeiten. Mittlerweile ist er ein Geschöpf, das geradezu erbärmlich auf seine angeborenen Instinkte reagiert und in seinem täglichen Gang weitgehend von Gewohnheiten gesteuert wird. Es war die wohlwollende Absicht der Natur, den Geist des Menschen frei zu lassen für die Betrachtung höherer Dinge, die Freiheit, sich Visionen von besseren Dingen zu bilden und über die Mittel nachzudenken, diese zu erreichen. Sie entlastete ihn daher von der trivialen Sorge, zu entscheiden, was er in den Tausenden von Handlungsfällen in seinem täglichen Leben tun sollte, und ließ ihn all diese normalen Dinge als Reaktion auf Impulse natürlicher Instinkte oder in unbewusstem Gehorsam gegenüber diesen tun Richtung von Gewohnheiten, die er bereits im Säuglingsalter zu entwickeln beginnt und die er während seiner gesamten Entwicklung fortsetzt.

also fest, dass der Mensch ein Geschöpf mit nahezu unbegrenzten Fähigkeiten ist, aber erbärmlich empfindlich gegenüber seiner Umgebung und Behandlung, weil er so hilflos auf Instinkte und Gewohnheiten reagiert. Und dieses fähige und dennoch sensible Tier, der Mensch, soll ein Instrument in den Händen eines anderen sein, eines Menschen wie er selbst, nur dass er sich als Anführer qualifiziert hat. Wie vernünftig, dass dieser

Anführer ernsthaft über diese Situation nachdenken und versuchen sollte, die mächtigen Einflüsse der Natur zu verstehen, die die Handlungen von ihm und seinen Männern beeinflussen. Was für eine Torheit wäre es für ihn, zu erwarten, blind mit ihnen umgehen zu können, ohne Rücksicht auf die Besonderheiten des Menschen und die grundlegenden Dinge, die ihn beherrschen.

Die vielleicht wichtigste dieser Grundprinzipien, die der Führer erkennen muss, ist der tief verwurzelte Wunsch jedes Einzelnen, seine Selbstachtung zu bewahren und sein Recht auf Selbstachtung von seinen Mitmenschen anerkannt zu bekommen. Der größte Schritt, den der Mensch jemals auf dem Weg zur Zivilisation gemacht hat, war der der alten Väter, als sie die Verehrung von Sonne und Feuer aufgab und sich einen Gott vorstellte, der mit menschlichen Eigenschaften ausgestattet war. Damit gaben sie dem Menschen das Recht zu behaupten, er sei „nach dem Bilde Gottes geschaffen". Darauf gründete der Mensch seine Lebensphilosophie und forderte, erkämpfte und gewann immer mehr die Anerkennung seines Anspruchs auf Selbstachtung. Geschaffen nach dem Bilde Gottes; er ärgerte sich darüber, als Sklave in den Galeeren ausgepeitscht oder als solcher in den Kettenbanden getrieben zu werden; er empfand die Demütigung, ein Leibeigener zu sein; und er erkannte, dass es widersprüchlich ist, willkürlich regiert zu werden. So hat er sich langsam zu seinem Ideal hochgekämpft und sein Recht auf Selbstachtung in der Regierung und im Gemeinschaftsleben zum Nutzen beider gewonnen.

Aus dieser Entwicklung entstand die Demokratie; und die zweite Grundvoraussetzung für den Anführer besteht darin, sich darüber im Klaren zu sein, dass er es heute im Umgang mit Männern nicht mehr mit Leibeigenen oder Söldnern zu tun hat. Seine Männer sind Bürger der Demokratie – ob schon geschaffen oder im Entstehen begriffen. Viele Führungskräfte haben dies nicht erkannt oder darüber nachgedacht, was dies für die Festlegung ihrer Kontrollmethoden bedeuten sollte. In Wirklichkeit ist es die einzige Grundlage für jedes intelligente moderne Disziplinierungssystem. Demokratie verlangt von jedem Bürger, dass er ein sich selbst respektierender, selbstdenkender und verantwortungsbewusster Mensch ist, der in der Lage ist, Entscheidungen zu treffen und diese in seiner bürgerlichen Eigenschaft umzusetzen. Diese staatsbürgerlichen Qualitäten werden für die Beteiligung an gemeinschaftlichen Angelegenheiten gefordert und für politische Zwecke öffentlich aufgerufen. Sie stehen für die Atmosphäre, in der jeder Mensch als Mitglied der Gemeinschaft lebt. Es ist nur vernünftig, dass dieselben Personen, die in allen ihren allgemeinen Angelegenheiten nach den Grundsätzen der Demokratie handeln, unter demokratischer statt unter autokratischer Kontrolle bessere Arbeit leisten sollten. Die Rechte der Individualität und der Selbstbestimmung sind kaum erkämpft und werden hochgehalten. Sie tragen viel dazu bei, den demokratischen Bürger zu dem fähigen Mann zu machen, der er heute ist, und sind in Wirklichkeit eine hervorragende Grundlage für seine Kontrolle.

Die höchste Art der Armeedisziplin wird auf der gründlichen Anerkennung dieser Eigenschaften der Männer entwickelt. Es wird von allen praktiziert, die die Bedeutung der modernen sozialen und politischen Entwicklung des Einzelnen erkannt und gelernt haben, ihre Vorteile für die Erlangung von Effizienz zu nutzen. Es gibt jedoch immer noch viele unvoreingenommene Offiziere, die ihre Vorstellungen von Disziplin von den traditionellen Regeln ableiten, die früher für die Kontrolle von Leibeigenen und Söldnern entwickelt wurden. Aber ihre Tage vergehen schnell, da sich der moderne Grundsatz immer weiter durchsetzt, dass der Mann in den Reihen ein intelligenter Mensch mit Selbstachtung ist, dass er ebenso wie der Anführer am Erfolg der Sache interessiert sein kann, und zwar in Er ist in der Lage, durch seinen individuellen Einsatz und seine Intelligenz einen großen Teil zum Erfolg beizutragen.

Die folgende Definition von Demokratie durch Professor Carver stellt deutlich die beiden Elemente dar, die berücksichtigt werden müssen: „Zwei Dinge, und nur zwei Dinge, sind für eine echte Demokratie wesentlich. Das erste ist ein offener Weg zu Talenten, das heißt, dass jeder Mensch sie haben sollte." eine Gelegenheit, im Verhältnis zu seinen Fähigkeiten in Macht- und Verantwortungspositionen aufzusteigen, unabhängig von Geburt, Privilegien, Kaste oder anderen sozialen Barrieren. Der Sohn des Bauern kann durch bloße Kraft seiner eigenen Verdienste Herrscher in der Regierung oder Arbeitgeber in der Wirtschaft werden , wenn er zufällig über Verdienste verfügt. Das zweite Wesentliche einer reinen Demokratie ist, dass diejenigen, die Macht- und Verantwortungspositionen innehaben, für die Bedürfnisse, Wünsche und Interessen derer sensibilisiert werden, über die sie Macht und Verantwortung ausüben." Eine solche Demokratie kann durchaus in seinem Handeln anerkannt werden, wenn man mit seinen Männern Erfolg haben will. Der Weg zum Aufstieg muss offen für Fähigkeiten und Ehrgeiz sein, ohne den Verdacht einer Bevorzugung und mit Ermutigung für jeden Einzelnen, der ihn beschreiten möchte. Ebenso muss der Weg für den ehrlichen Ausdruck individueller Meinung und Gefühle von den Reihen bis zum Führer frei sein, ohne Vorurteile und mit Rücksichtnahme. Dies erkennt ihre Rechte an und entwickelt ihre Befugnisse als Einzelpersonen, die an einer gemeinsamen Sache interessiert sind. Eine solche Auffassung von Rechten im Umgang mit Männern ist praktisch, wirklich demokratisch und äußerst effizient. Es hat sich in der Disziplin der Armee bestens bewährt, wird in vielen Unternehmensorganisationen erfolgreich eingesetzt und ist eine sichere Grundlage für effizientes

Management in jeder Gruppe, die für jeden Zweck arbeitet. Wenn die Innenverwaltung staatlicher Gefängnisse erfolgreich auf der Grundlage demokratischer Prinzipien geführt wird, scheint es möglich, diese auf die Kontrolle fast jeder anderen Gruppe von Menschen anzuwenden.

Die Leitidee besteht daher darin, dass der Anführer die Selbstachtung seiner Männer und ihr Gefühl für individuelle Verantwortung aufbaut und so deren Handeln kontrolliert. Er möchte nicht, dass sie Hunde sind; er darf sie niemals wie Hunde behandeln. Er möchte, dass sie Intelligenz zeigen; er muss Vertrauen zeigen, dass sie Intelligenz haben. Er möchte, dass sie in der Lage sind, Entscheidungen zu treffen und diese zum Wohle der Allgemeinheit umzusetzen; Er sagt ihnen daher, was zu tun ist und warum, nicht aber, *wie* es zu tun ist, und entwickelt so ihren Einfallsreichtum und ihre Initiative. Er möchte ihre Zusammenarbeit in loyaler Teamarbeit; Er fragt daher nach ihren Ideen zu Methoden, ermutigt sie zu Vorschlägen und geht davon aus, dass sie ein intelligentes Interesse am gemeinsamen Erfolg haben und in der Lage sind, etwas Wertvolles zu dessen Erreichung beizutragen. Kurz gesagt , er betrachtet sie als *aktive Partner* seiner selbst bei der Verwirklichung eines gemeinsamen Ziels und behandelt sie auch als solche.

Die einzig mögliche Entschuldigung – kein Grund, sondern eine Entschuldigung – für den altmodischen „raubeinigen" Vorarbeiter mit seiner von Angst geprägten Disziplin ist die Existenz seiner Bande ignoranter Einwanderer, die kein Interesse an Zivilisation und anständigem Leben haben und offenbar bereit sind, wie Hunde zu leben und als solche behandelt zu werden. Auch diese könnten durch bessere Methoden besser bewältigt werden. Darüber hinaus hat die Nation gelernt, dass solche Bürger nicht zahlen müssen, und will sich durch Bildung und Einwanderungsbeschränkungen von ihnen befreien. Dies bedeutet mehr Intelligenz unter den Arbeitern und dass der Vorarbeiter der Zukunft in der Lage sein muss, nicht eine Gruppe unwissender Ausländer, sondern eine Gruppe denkender Bürger zu leiten, von denen viele ernsthaft danach streben werden, den Posten des Chefs zu erringen sich. Das bedeutet, dass er, um seinen Job zu behalten, ein guter Vorarbeiter sein, seine Arbeit kennen und vor allem wissen muss, wie man anständig mit Männern umgeht. Vorarbeiter zu sein wird ein echter Job sein, für den sich echte Männer qualifizieren müssen, um gute Arbeit zu leisten.

Eine dritte grundlegende Überlegung besteht darin, zu verstehen, wie moderne Bedingungen den Besitz eines persönlichen Charakters zu einer wesentlichen Voraussetzung für eine erfolgreiche Führung gemacht haben. Die Entwicklung des Individuums, das sich dessen bewusst ist, dass es ein denkendes Wesen mit den Rechten und Pflichten der Selbstbestimmung ist, hat das göttliche Recht der Könige und die Unfehlbarkeit sphinxartiger Äußerungen der Autoritäten aufgegeben . Der Mann, der heute regiert, tut dies durch persönliche Kontakte mit seinen Untergebenen. Er muss also wirklich den persönlichen Charakter haben. Es ist uns selbstverständlich inhärent, den Amtsinhaber mit den Attributen der Würde und des persönlichen Charakters auszustatten, die damit einhergehen sollten. Aber persönliche Kontakte werden diesen ererbten Schleier durchdringen und den Mann bald als das entlarven, was er wirklich ist. Und er kann nichts Gutes tun, wenn wir nicht feststellen, dass er über *Charakter verfügt* – finden Sie ihn als einen Mann, der immer sein Wort hält, der den Grundsätzen des fairen Geschäfts gerecht wird und den Umgang mit Menschen zu schätzen weiß und dementsprechend rücksichtsvoll ist. Solche Eigenschaften schließen es ihm aus, Ungerechtigkeit, Betrug, Gleichgültigkeit oder Brutalität zu zeigen. Auf diese Weise eliminieren sie Angst und Misstrauen aus den Köpfen ihrer Mitmenschen und lassen ihren besseren Instinkten freien Lauf, was dazu führt, dass sie entweder als Gefolgsleute oder als Mitarbeiter ihr Bestes geben. Daraus wird deutlich, dass es von entscheidender Bedeutung ist, bei der Auswahl von Führungskräften sorgfältig über deren persönliche Charaktere nachzudenken; und dass dieser Charakterbesitz zur *unabdingbaren Voraussetzung* für Kandidaten für politische, zivile oder industrielle Ämter werden muss. Denn all dies gilt für die Arbeiterführer ebenso eindringlich wie für alle anderen. Hier wie anderswo können am Ende nur diejenigen siegen, deren Charakter und Zweck rein sind; die an den fairen Deal glauben; die bei der Amtsführung uneigennützig ehrlich sind; die die Menschenrechte ihrer Anhänger berücksichtigen und ihnen die Möglichkeit geben, durch die freie Ausübung ihrer konstruktiven Instinkte zu wachsen und sich zu entwickeln. Demokratische Führung ist konstruktiv. Es stärkt den individuellen Charakter seiner Anhänger und steht auf diesem Fundament.

Eine vierte Grundvoraussetzung besteht darin, die große Rolle anzuerkennen, die die persönlichen Instinkte und Gewohnheiten des Menschen bei der Kontrolle des Menschen spielen. „Der Mensch ist ein denkendes Geschöpf. Gottes Ebenbild." Ja; aber er ist auch der willige Sklave instinktiver Impulse und persönlicher Gewohnheiten. Er nutzt seine Vernunft, um den Kurs zu bestimmen, den er einschlagen wird, und nicht, um die vielfältigen Einzelheiten seiner Handlungen bei der Durchführung zu regeln. Wie von der Natur geplant, werden diese kleinen Handlungen durch natürliche Impulse und persönliche Gewohnheiten gesteuert. Impulse und Gewohnheiten – sie bestimmen fast jede unserer Handlungen. Es ist bemerkenswert, wenn wir darüber nachdenken und erkennen, wie wenige Dinge wir tatsächlich als Ergebnis des Denkens tun. So kann ein Mann in einem geordneten Leben morgens aufstehen, sich waschen, sich rasieren, sich anziehen und zum Frühstück gehen, ohne eine bewusste Entscheidung treffen zu müssen. Anstatt sich entscheiden zu müssen, welchen Schuh er zuerst anzieht, schnürt und bindet er seine Schuhe sogar ohne nachzudenken und kann so seine Gedanken mit Gedanken an die Arbeit des Tages beschäftigen. Die Gewohnheit führt ihn unüberlegt durch all diese notwendigen Schritte, die er täglich unternehmen muss.

Die interessante Tatsache für den Führer ist nicht nur, dass diese Gewohnheiten so absolut beherrschen, sondern auch, dass jede Gewohnheit leicht und unbewusst durch Wiederholung der Handlung oder des Gedankens gebildet werden kann und dass eine einmal gebildete Gewohnheit nur durch bewusste Anstrengung und sogar durch Entschlossenheit überwunden werden kann Aktion des Willens. Der Anführer nutzt dies, um seine Männer zu kontrollieren. Indem er darauf besteht, dass bestimmte Dinge immer auf bestimmte Weise erledigt werden, etabliert er darin Gewohnheiten des täglichen Verhaltens, die seine routinemäßige Aufgabenerledigung von der ständigen Sorge um Details befreien. Ein weiser Führer sieht den Grund für viele der Schwierigkeiten und scheinbaren Versäumnisse seiner Männer in der Tatsache, dass sie auf zuvor entstandene, noch nicht beseitigte Gewohnheiten zurückzuführen sind. Auch aus diesem Grund trainiert er lieber grüne Männer als alte. Er weiß, dass er ihnen leicht die Gewohnheiten beibringen kann, die er sich von ihnen wünscht, und ohne die große Schwierigkeit, die zuvor gebildeten Gewohnheiten, die ihm nicht gefallen, auszumerzen.

Ebenso häufig wie Gewohnheiten bei der Steuerung der Handlungen des Menschen und ebenso wichtig als Rücksichtnahme für den Führer sind die Impulse zum Handeln, die von natürlichen Instinkten ausgehen. Natürlich ist es wahr, dass der Wille und die Entschlossenheit des Menschen stärker sind als seine Instinkte, und dass sie, wenn sie auf ein bestimmtes Ziel ausgerichtet sind, jeden instinktiven Impuls aus seinem Bewusstseinsfeld verdrängen und seine Handlungen auf den vorgegebenen Kurs beschränken können. Aber eine solche Kontrolle über die Handlungen des Menschen ist für den Menschen ermüdend und führt nicht zu den Ergebnissen, die sich einstellt, wenn sein Geist glücklich und frei ist, die Impulse der konstruktiven Instinkte zu verfolgen, mit denen die Natur ihn zum Wohle der Rasse reichlich ausgestattet hat . So kann die Not einen Mann dazu veranlassen, sich trotz brutaler Behandlung und verletzter Selbstachtung dazu zu entschließen, seine Arbeit zu tun, und er wird die Arbeit des Tages gut genug erledigen, um seine Position zu halten, aber nicht viel besser. Gute Arbeit, auch nur annähernd die maximale Leistung eines Menschen, kann in diesem Sinne nicht erbracht werden. Eine solche Arbeit ist nur mit dem freien Spiel der besseren Instinkte des Menschen möglich. Dann sollte klar sein, dass der Führer, der durch den Appell an diese Instinkte kontrolliert, bessere Ergebnisse erzielen wird als derjenige, der mit Gewalt oder dem Zwang der Umstände regiert. Ein guter Führer muss daher über diese Dinge nachdenken, bis er instinktiv spürt, wie Menschen auf die alltäglichen Dinge des Lebens reagieren. Sie werden häufig bei der Erörterung der Führungsprinzipien herangezogen.

Unter diesen Instinkten sind für den Führer natürlich die Führungsinstinkte von größtem Interesse – der Instinkt, andere zu führen und der Instinkt, anderen zu folgen, wenn wir glauben, dass sie die Antwort besser kennen als wir. Die Manifestationen dieser beiden Instinkte sind in unserem täglichen Leben weit verbreitet, was ihre Verfügbarkeit und ihren Wert für den Führer als Mittel zur Kontrolle von Männern zeigt. Er sollte daher verstehen, warum sie existieren und wie er sie ansprechen kann. Warum ist die Menschheit immer bestrebt, zu missionieren, zu predigen und zu lehren und mit Vorschlägen an die Spitze zu treten? Und warum folgt man so bereitwillig einem anderen, der irgendeinen Vorschlag vorbringt, der vernünftig erscheint? Diese Instinkte wurden dem Menschen eingepflanzt, damit er seinen Teil zum Fortschritt der Welt beitragen kann. Der gesamte Plan des Universums, physisch und spirituell, ist ein Prozess der Entwicklung und des Fortschritts – alles in einem ständigen Bemühen, auf eine höhere Ebene aufzusteigen. Der Mensch sollte das wichtigste Instrument dieses Ziels sein, die Zivilisation voranzutreiben. Seine Instinkte wurden ihm gegeben, um den Fortschritt sicherzustellen, dem Rennen zum Sieg zu verhelfen, andere dorthin zu führen, wo er das Gefühl hatte, am besten zu wissen, was zu tun war, und dorthin zu folgen, wo er das Gefühl hatte, dass ein anderer es besser wüsste als er. Führen zu wollen ist also ein natürlicher und guter Instinkt; und jeder Mann kann ehrlich stolz darauf sein, sich als guter Anführer zu qualifizieren.

Es ist ein wichtiger Punkt, dass der Instinkt zu folgen auch ein Instinkt für Fortschritt ist und dass der angehende Führer seinen Männern daher das Gefühl geben muss, dass er den Weg am besten kennt und dass seine Führung die besten Ergebnisse bringen wird. Dies ist ein grundlegender Gedanke im Verständnis von Führung; und es erklärt, warum Kenntnisse über seinen Job für einen Anführer unerlässlich sind und warum Gepolter und Arroganz so lächerlich erscheinen. Es ist also klar, dass ein Mann zum Anführer ernannt wird, weil man glaubt, dass er die besten Ergebnisse erzielen kann; und seine Männer werden seine Fähigkeiten als solche an der guten Arbeit messen, die unter seiner Führung geleistet wurde. Ineffizienz, verlorene Zeit und Energie, Unentschlossenheit und Dummheit untergraben seinen Einfluss auf die Männer; während die Gegensätze sie zu begeisterter Anhängerschaft inspirieren.

Ein weiterer wichtiger Gedanke in diesem Zusammenhang ist die Bedeutung des Wortes „Führer". Das bedeutet, dass dieser Mann der *Erste* der Gruppe, seiner Gefährten ist. Ein Führer ist kein Herr oder Diktator; Er ist eins mit seinen Männern – der Anführer –, kennt ihren Puls und ihre Leidenschaften, führt aufgrund überlegener Vorbereitung, Erfahrung und Fähigkeiten und nicht durch rohe Gewalt. Er sollte seine Verbundenheit mit den Menschen, die er führt, aufrechterhalten und sich nicht erlauben, das Gefühl zu haben, dass er ein Mensch einer anderen Klasse geworden ist, der über sie herrscht. Große Führer wie Lincoln legen Wert darauf, die einfacheren Eigenschaften ihrer Mitmenschen beizubehalten und den Anschein zu erwecken, sie zu bewahren, um die enge Verbindung und das Mitgefühl fortzusetzen, die ein Verständnis für die menschliche Natur ausmachen.

Nichts ruiniert den Erfolg des neu ernannten Anführers so sicher wie ein Anflug von Prunk und Prahlerei in seinem Auftreten. Ein Fall von aufgeblähtem Ego hat viele Karrieren ruiniert. Dies wird von den Männern schnell als Beweis für die Kleinheit der Seele und die begrenzte Erfahrung wahrgenommen. Bescheidenheit, stille Würde und sogar Demut sind Merkmale von Charaktergröße und umfassender Erfahrung. Für den Anführer ist es gefährlich, sich selbst gegenüber seine Selbstgefälligkeit einzugestehen. Die Hervorhebung seiner eigenen Bedeutung führt wahrscheinlich dazu, dass er sich selbst Anerkennung schenkt, die seinen Männern hätte zugute kommen sollen, dass er sein eigenes Wohlergehen berücksichtigt, wenn er an ihres denken sollte, und ihn am Ende als ungeeignet für die Führung verrät.

Die letzte dieser grundlegenden Überlegungen des Menschen und bei weitem die wichtigste für den persönlichen Erfolg eines jeden Führers ist die Einschätzung dessen, was seine *eigene Persönlichkeit* für Erfolg oder Misserfolg in der Wirkung, die sie auf seine Mitmenschen hat, bedeutet. Irgendwie sollte es möglich sein, jedem Menschen die Wahrheit darüber bewusst zu machen und ihn daher gebührend zu berücksichtigen. Der Leiter reagiert auf die Tatsache, dass er lernen muss, seine menschlichen Werkzeuge zu nutzen, ignoriert jedoch oft die ebenso wichtige Tatsache, dass er diese Werkzeuge durch die Instrumente seiner eigenen Persönlichkeit nutzen muss. Seine Fähigkeiten und sein Erfolg werden weitgehend davon abhängen, wie seine Persönlichkeit andere beeindruckt und wie sie diese empfindungsfähigen Werkzeuge beeinflusst. Sein Ziel und Charakter, sein persönliches Auftreten und Benehmen, der Tonfall seiner Stimme, seine Gewohnheiten und seine Art, die Dinge zu betrachten – alle Erscheinungsformen seiner Persönlichkeit sind mehr oder weniger wichtige Einflussfaktoren für die Bestimmung seiner Fähigkeit, mit anderen umzugehen. Doch der Durchschnitt der Führungskräfte akzeptiert sich nicht nur selbstgefällig so, wie er ist, sondern ignoriert tatsächlich die Vorteile, die es hat, überhaupt herauszufinden, wer er ist, geschweige denn zu versuchen, sich zu verbessern.

Der Fortschritt der Rasse hängt von der Entwicklung des Einzelnen ab – allerdings in Zusammenarbeit mit seinen Mitmenschen. In Anbetracht dieser Tatsache hat die Natur den Menschen offenbar so geschaffen, dass er seine eigene Persönlichkeit selbstgefällig akzeptiert und sich damit zufrieden gibt, sie zu nutzen und zu entwickeln, ohne sich entmutigen zu lassen, weil er nicht wie ein anderer Mensch ist. Es ist sicherlich wahr, dass wir selten einen Mann finden, der seine Persönlichkeit gegen die eines anderen eintauschen würde. Aber die Natur hat nie beabsichtigt, dass diese Selbstgefälligkeit so weit geht, dass alle Möglichkeiten einer Verbesserung ignoriert werden und sogar die Persönlichkeit, die man hat, nicht mehr verständnisvoll genutzt wird. Das große Problem der Menschheit besteht darin, dass sie sich im Allgemeinen nur so sieht, wie sie im nahegelegenen Spiegel reflektiert wird. Sie bekommen selten die Perspektive auf sich selbst, wie sie im Leben um sie herum wirklich existieren; und so verpassen sie den Vorteil, ihr Ego mit der Realität des Lebens zu vergleichen. Es würde uns allen helfen, „uns selbst so zu sehen, wie andere uns sehen." Wir könnten dann lernen, wie jeder seine Persönlichkeit vorteilhaft nutzen kann, indem er sieht, wie sie andere beeinflusst, und wir würden dann etwas von unserer Arroganz verlieren, wenn wir sehen, was für unwichtige Individuen wir eigentlich sind. Es ist gut für die Seele eines jeden Menschen, eine Höhe wie den Turm des Woolworth-Gebäudes zu besuchen und von dort aus die Menschheit auf der Erde unter sich zu sehen, wie sie in ihrem selbstgefälligen Geschäft hin und her eilt . Diese Menschen erscheinen dann etwa so groß und wichtig wie Ameisen, und der Betrachter wird dazu geführt, die Bedeutungslosigkeit eines einzelnen Menschen im Vergleich zur Welt um ihn herum zu erkennen und sich zu fragen, wie groß er selbst dem fernen Auge tatsächlich erscheint Allmacht. Auf diese Weise kann er eine gesunde Demut entwickeln, die ihn dazu bringen kann, seine Rolle vernünftiger zu spielen.

Um Führung zu erlangen, ist es wichtig, über sich selbst und die Bedeutung der Dinge nachzudenken, die die Beziehungen und die Kontrolle von Menschen beeinflussen. Es ist das, was wir selbst glauben, fühlen und leben – was aus unserem eigenen inneren Bewusstsein kommt –, das es uns ermöglicht, vor anderen als ihr Anführer zu erscheinen. Sogar der inspirierte Führer zog sich für eine lange innere Gemeinschaft in die Wildnis zurück, bevor er sich mit der Verantwortung der Führung auseinandersetzte. Wir sollten kaum erwarten, ohne eine gewisse Vorbereitung auch nur auf unsere kleine Art und Weise eine Führungsrolle zu übernehmen. Und diese Vorbereitung wird nicht darin bestehen, Regeln zu lernen, die uns leiten, sondern darin, ein solches Verständnis der Prinzipien und Realitäten zu erlangen, das uns dazu bringt, auf natürliche Weise das Richtige zu tun. Denn vor allem muss ein Anführer echt sein – sein eigenes wahres Selbst, keine Nachahmung eines anderen, und sei dieser noch so erfolgreich.

Es bleibt noch der Sonderfall des Umgangs mit Männern in jenen Branchen zu berücksichtigen, in denen es Gewerkschaften gibt. Obwohl es wahr ist, dass die Anwendung der Führungsprinzipien selbst bei „Arbeitsschwierigkeiten" zu besseren Ergebnissen führt, wie unendlich besser sind die Ergebnisse, wenn gegenseitiges Verständnis, Vertrauen und Zusammenarbeit vorhanden sind. Allerdings ist hier nicht daran gedacht, einem Management vorzuschreiben, wie es sein Geschäft führen soll. Es ist anerkannt, dass jedes Unternehmen sein eigenes Problem hat, das es entsprechend seinen besonderen Bedingungen zu lösen hat. Die Fragen des Wohlergehens, der Fluktuation, der Personalaufsicht, der Selbstverwirklichung, der Aufteilung von Gewinnen oder Ersparnissen usw. wurden ausführlich analysiert und diskutiert. Es liegt außerhalb unserer Möglichkeiten, in diesen Bereichen etwas hinzuzufügen. Aber selbst wenn das Management die umfassendste Politik verfolgt, die auf die loyale Zusammenarbeit seiner Mitarbeiter abzielt, hängt der Erfolg seiner Tätigkeit immer noch davon ab, wie die Männer von denen behandelt werden, die direkt mit ihnen in Kontakt stehen. Wir beschäftigen uns mit dieser einen Phase; Und zum besseren Verständnis in den besonderen Fällen, in denen Gewerkschaften involviert sind, wollen wir uns kurz mit dem Ursprung und den Zwecken dieser Gewerkschaften befassen. Wenn grundlegende Motive klar sind, wird es möglich, ihre Manifestationen zu verstehen und sie zum Wohle aller Beteiligten zu leiten. Ein Verständnis der Psychologie von Gewerkschaften ist daher für Arbeitgeber, untergeordnete Chefs und die Gewerkschaftsführer selbst von enormer Bedeutung. Wir versuchen möglicherweise nicht, dieses Thema zu behandeln, sondern lediglich bestimmte grundlegende Gedanken anzuregen, die hilfreich sein könnten.

In der Evolution der Rasse lehrten die Prozesse der Zeit den Urmenschen schließlich, die Isolation seiner Höhle zu verlassen und mit seinen Artgenossen eine Gemeinschaft zu bilden, um sich besser vor den Bestien zu schützen, die seine Existenz bedrohten, und um sich gegenseitig bei der Fortführung der langsamen Entwicklungen zu unterstützen Zivilisation. So wurden erstmals die gegenseitige Abhängigkeit der Menschen und die Vorteile der Zusammenarbeit aufgezeigt und die Organisation hatte ihren Anfang.

Die Prozesse der modernen Industrie haben durch die Einführung von Maschinen und die daraus resultierende Entwicklung ihrer riesigen modernen Unternehmen die Werkzeuge seines Handwerks aus den persönlichen Händen des Arbeiters in Firmeneigentum überführt, ihn bis auf seine bloße Arbeitskraft beraubt und schnitt ihn von der früheren engen persönlichen Beziehung zu seinem Arbeitgeber ab. So befand sich der arbeitende Mann wieder als isoliertes Individuum, dieses Mal auf den konkurrierenden Arbeitsmärkten, wo er allein um seine Existenz gegen die kalten, unpersönlichen Organisationen kämpfte, die seine Dienste auf dem billigsten Markt kauften und sie nach Belieben verwarfen. Und wie er vor langer Zeit seine Erlösung und seine Chance zur Weiterentwicklung durch den Zusammenschluss mit seinen Mitmenschen fand, so wurde ihm auch jetzt wieder klar, dass seine Zukunft nur durch gemeinsame Anstrengungen gesichert werden konnte. So entstand die organisierte Arbeiterschaft, um die Menschenrechte ihrer Mitglieder bei Bedarf mit Gewalt zu schützen und ihnen gleiche Chancen auf Entwicklung im Fortschritt der Rasse zu sichern.

Wir sehen also, dass diese Organisation der Arbeit mit ihrer potenziellen Kampfkraft nur ein natürlicher logischer Schritt in der Entwicklung der modernen Industrie war – ebenso natürlich und notwendig wie die Organisationen und Kombinationen des Kapitals. Beides sind Produkte der Evolution. Und wie es allgemein gilt, verursachte die Anwendung der Evolutionsgesetze auf einzelne Fälle oft Not und Leid und sogar den Verlust von Menschenleben, ohne jedoch ihren unaufhaltsamen Kurs im Sinne des Fortschritts zu ändern.

Es war die damals akzeptierte Philosophie, dass Arbeitskraft eine Ware sei, die nach Belieben des Arbeiters auf jeden Markt gebracht und an den Meistbietenden verkauft werden könne, der ebenfalls die Freiheit habe, Arbeitskraft zum niedrigsten Preis zu kaufen und sie nur zu seinem eigenen Preis einzusetzen Vergnügen. Die rasche Vergrößerung der Unternehmen hatte die persönliche Beziehung zwischen dem Arbeitgeber und seinen Männern zerstört, ohne dass etwas gefunden wurde, das sie ersetzen könnte, und es war nur natürlich, dass die Arbeit kaum mehr als eine bewegliche Sache war und dass in der Aufregung jede Rücksichtnahme auf die menschliche Gleichung vergessen wurde und ein starker Wettbewerb bei der Verwaltung dieser Unternehmen von solch neuartigem Ausmaß und unbekannten Möglichkeiten. In der Zwischenzeit war sich die öffentliche Meinung nicht darüber im Klaren, dass das Wohlergehen und die soziale Entwicklung dieser Arbeiter eine Angelegenheit von lebenswichtiger Bedeutung für die Gemeinschaft waren und dass die Rechte und Pflichten bei der Verwaltung dieser großen Unternehmen gleichermaßen Angelegenheiten von großer Bedeutung für das Gemeinwohl darstellten. Kurz gesagt, der öffentlichen Meinung musste beigebracht werden, dass die Gemeinschaft eine Partei der Industrie ist und sich darum kümmern muss, wie die Industrie ihre Angelegenheiten führt.

Es war daher eine selbstverständliche Voraussetzung, dass Arbeit wie jede andere seelenlose Ware behandelt werden sollte. Und man kann mit Fug und Recht annehmen, dass dies noch lange der Fall gewesen wäre, wenn der Arbeiter nicht mit seinem tapferen Geist die Anerkennung seiner Rechte als Sohn Gottes und als selbstbewusstes, verantwortungsbewusstes Mitglied der demokratischen Gemeinschaft gefordert hätte. Diese Rechte werden nun anerkannt. Hervorragende Köpfe haben ihr Bestes gegeben, um die Mittel und Methoden für die Führung des Großgeschäfts auf einer Grundlage weiterzuentwickeln, die die volle Anerkennung dieser Rechte zulässt und die Möglichkeit für eine umfassendere Entwicklung des Arbeiters durch das freie Spiel seiner edleren Instinkte bietet. Viele fortschrittliche Unternehmen haben einen Weg gefunden, eine Politik zu übernehmen, die diese Ideen verkörpert – andere suchen nach einer praktischen Lösung für dieses Problem, das sich ihnen durch die besonderen Bedingungen ihres jeweiligen Geschäfts stellt. Viele sind so organisiert, dass die Gewerkschaftsführer selbst feststellen, dass alles getan wird, was sie verlangen können. Die öffentliche Meinung hat die These der Arbeit weitgehend akzeptiert und ist der Ansicht, dass den arbeitenden Bürgern die Möglichkeit gegeben werden muss, sich zu entwickeln. Es ist daher für Kapital oder Arbeit zwecklos, gegen eine dieser Organisationen zu kämpfen, und es ist unvernünftig, eine von ihnen als Produkt der Boshaftigkeit oder Unwissenheit des Menschen zu betrachten. Es wäre weitaus besser, wenn beide Parteien die unvermeidliche Tatsache ihrer Existenz akzeptieren und lernen würden, ihre enormen Möglichkeiten zur Effizienzsteigerung zu nutzen. Es gibt keinen gerechtfertigten Grund für Vorwürfe – es sei denn, die menschliche Intelligenz ist langsam, die wahren Umstände zu erfassen.

also , dass der Kampf der Gewerkschaften fast gewonnen ist und diese Phase der Entwicklung kurz vor dem Abschluss steht. Aber es ist offensichtlich, dass die Gewerkschaften trotzdem bestehen müssen. Sie werden von starken menschlichen Instinkten gefordert und sorgen für eine umfassendere Entwicklung und einen besseren Service. Organisation und Zusammenarbeit, immer umfassender, sind ausgeprägte Merkmale moderner Entwicklung. Daher können die derzeitigen Gewerkschaften durchaus mit dem Ziel sozialer Verbesserungen und der Steigerung der Effizienz der Arbeit weitergeführt werden, wobei sie in der Zwischenzeit darauf ausgelegt sind, den Kampf nur dort fortzusetzen, wo es den Arbeitgebern nicht gelingt, selbst den Weg zu finden, den Arbeitnehmern die Möglichkeit zu geben, zu arbeiten und sich gewinnbringend zu entfalten. Wenn jede Gewerkschaft gut organisiert ist, kann sie ihren Mitgliedern, der Industrie und dem Staat sicherlich einen großen Dienst erweisen, indem sie sich für die Entwicklung und das Wohlergehen aller Menschen interessiert, die in ihrer Branche tätig sind, und indem sie die gesamte Industrie zur sofortigen Bezugnahme bereithält und soziale Daten dieses gesamten Personals . Eine solche statistische Arbeit erfordert Zeit und Kosten, gibt den Gewerkschaften jedoch das Gefühl, dass sie sowohl der Gemeinschaft als auch sich selbst einen wertvollen Dienst erweisen.

Eine Gewerkschaft der Zukunft, sicherlich eine natürliche und effiziente, wird die Vereinigung der beiden für ihren Erfolg wesentlichen Elemente innerhalb jedes einzelnen Unternehmens sein: Management und Arbeiter. Und diese Gewerkschaft wird ihren größten Nutzen in enger Zusammenarbeit mit der dritten Partei der industriellen Anstrengungen finden – der Gemeinschaft. Denn die effiziente Durchführung der gemeinschaftlichen Aufgaben, nämlich die Gewährleistung von Recht und Ordnung, Schulen, sanitäre Einrichtungen, Transportwesen, Banken, Einkaufsmöglichkeiten usw., ist für das Leben der Industrie ebenso wichtig wie die Produktion und ordnungsgemäße Verwaltung der Industrie für das Leben der Gemeinschaft.

Es gibt bereits viele solcher Gewerkschaften, ein bemerkenswertes Beispiel ist die Loyal Legion of Loggers and Lumbermen. Am bemerkenswertesten sind seine Größe, die Vielfalt der beteiligten Interessen und Menschentypen sowie das große Einsatzgebiet. Ursprünglich aus patriotischen Gründen gegründet, um sich für den Krieg zu rüsten, entwickelte sie sich bald zu einer praktischen Genossenschaftsvereinigung von Arbeitgebern und Arbeitnehmern. Ihre gebündelte Intelligenz und ihr Einsatz deckten den Kriegsbedarf in einer enorm gesteigerten Produktion und haben seitdem die Belastungen des Wiederaufbaus ohne Unterbrechung gemeistert. Damit gelang es dem Unternehmen in einzigartiger Weise, die Arbeitsbedingungen zu stabilisieren und gleichzeitig die Kriegsproduktion zu beschleunigen, anstatt sie zu stören, wie es in vielen anderen Unternehmen der Fall war. All dies resultierte aus der Tatsache, dass Vertreter sowohl der Arbeitgeber als auch der Arbeitnehmer verpflichtet waren, an einem gemeinsamen Ratstisch zu sitzen und dort alle Fragen der Arbeitsführung zu diskutieren und zu regeln. Dabei lernten beide Seiten, dass sie wirklich die gleiche Sprache sprechen und dass Erfolg und gutes Gefühl das natürliche Ergebnis der Zusammenarbeit sind. Daher führten sie die Organisation dauerhaft fort, mit dem zusätzlichen Element, den Kontakt zu lokalen Gemeindeangelegenheiten zu halten.

Diese genossenschaftlichen Einheitsgewerkschaften sollten einen großen psychologischen Nutzen haben und einen starken politischen Einfluss ausüben, insbesondere in Angelegenheiten der Kommunalverwaltung. Die Themen der informellen Diskussion zwischen den Männern und der Gespräche ihrer Führer sind möglicherweise nicht länger Themen der Feindseligkeit gegenüber ihrem Arbeitgeber, sondern eher Themen von gemeinsamem industriellem und gemeinschaftlichem Interesse. Und da die Industrie sicherlich eines Tages erkennen wird, wie abhängig sie von der Integrität, Weisheit und Staatsführung der vom Volk für die Ausarbeitung und Verwaltung der Gesetze ausgewählten Beamten ist , wird sie sich sicherlich aktiv an der Auswahl dieser Beamten beteiligen und bei der Festlegung der Richtlinien, die sie vorantreiben sollen. Gut für die Industrie, wenn sie organisiert und an das kooperative Funktionieren von Kapital und

Arbeit gewöhnt ist. Dann kann kein politischer Appell an Klassenunterschiede gerichtet werden, und die Industrie kann dann auf dem politischen Feld denselben starken kooperativen Zweck für das Gemeinwohl einbringen, den sie bei der Führung ihrer Geschäfte zu verfolgen gewohnt ist.

In diesen Gewerkschaften stellen Arbeitnehmer und Arbeitgeber fest, dass beide an der gemeinsamen Sache arbeiten, jeder entsprechend seinen Fähigkeiten und seiner Ausbildung seinen eigenen Teil in der industriellen Maschinerie leistet und entsprechend seiner Leistung Respekt und Anerkennung erhält. Beide erkennen die wahre Bedeutung der Demokratie, dass allen aufgrund ihrer Verdienste gleichermaßen Chancen offen stehen und dass Männer nach ihrer Eignung für Positionen eingestuft werden. Hier wird ihnen klar, dass demagogische Appelle an die Klasse unvernünftig sind und oft fragwürdige Motive haben, da ihnen die Tatsache bewusst gemacht wird, dass Arbeitgeber meist nur Absolventen aus den Reihen der Arbeiterschaft sind – oder genauer gesagt, nur Führer der Klasse.

Das Wort „Klasse" mit seiner europäischen Bedeutung ist für die Diskussion der amerikanischen Verhältnisse völlig fehl am Platz. Wir haben Klassifikationen, basierend auf Leistung usw., aber es gibt keine unüberwindbaren Barrieren zwischen ihnen. Jedem Einzelnen stehen alle Türen offen, wenn er nur den Willen hat, sich die nötigen Qualifikationen anzueignen. Und es gibt ebenso weit offene Hintertüren, aus denen die Untauglichen täglich hinausgeworfen werden, um ihr wahres Niveau entsprechend ihrem individuellen Wert zu finden. Das sind die Gesetze der Demokratie und des Fortschritts, und alle Pläne, sie zu durchkreuzen, müssen früher oder später scheitern.

Als Vertreter einer guten Staatsbürgerschaft könnten diese Gewerkschaften durchaus eine Macht zum Wohle der Gemeinschaft sein, indem sie zu Schulen der Amerikanisierung und der Praxis demokratischer Regierung werden. Eine gute Staatsbürgerschaft ist für den Industriestaat ein ebenso wichtiger Gesichtspunkt wie für den politischen Staat – tatsächlich sind ihre Interessen so eng miteinander verflochten, dass sie gemeinsam bestehen oder scheitern müssen. Wir wissen jetzt, dass billige Arbeitskräfte keine billige Produktion und oft auch eine billige politische Regierung ermöglichen. In Wirklichkeit ist es sowohl teuer als auch gefährlich für die Gemeinschaft, und wir sollten darauf verzichten. Und da es unser Stolz ist, vor der politischen Welt den Wert unserer politischen Institutionen darzulegen; So sollten wir unsere industriellen Probleme lösen und der industriellen Welt die Vorteile der Demokratie zeigen, die praktisch in der Industrie funktioniert. Lassen Sie uns zeigen, dass der Geist und die geweckte Fähigkeit und der Einfallsreichtum unserer loyal zusammenarbeitenden Arbeitskräfte die Produktionskosten senken und gleichzeitig ihre Produktion erheblich

steigern werden, zum Vorteil der Menschheit und zum Ansehen unserer auf
individueller Freiheit basierenden Nation.

KAPITEL II
PSYCHOLOGISCHE ELEMENTE DER ORGANISATION

Wenn auch nur zwei Personen für ein gemeinsames Ziel zusammenarbeiten, ist es besser, wenn sie sich dafür „organisieren". Je klarer sie ihren Zweck, ihre Richtlinien und Methoden sowie die Verantwortlichkeiten und Funktionen definieren, die jeder übernehmen soll , desto mehr werden sie an Effizienz gewinnen, indem sie Reibungen, Bewegungsabläufe und die abstumpfende mentale Wirkung von Missverständnissen und Fragen vermeiden. Mit zunehmender Zahl der engagierten Mitarbeiter nehmen auch die Vorteile der Organisation zu, bis dann, wenn viele engagiert sind, die Organisation zur Notwendigkeit wird. Und ganz gleich, um welchen Zweck es sich handelt, vom Bau einer Kathedrale bis zum Raub einer Bank – ob es um die Leitung einer Schule, eines Büros, eines Krankenhauses oder einer Fabrik geht – der Erfolg der Angelegenheit wird weitgehend von der Effizienz ihrer Organisation und davon abhängen, inwieweit alle Beteiligten sie verstehen sein Zweck, seine Richtlinien und Methoden sowie die Verantwortlichkeiten und Funktionen aller Beteiligten.

Die Organisation liegt selbstverständlich in der Verantwortung des leitenden Oberhauptes. Je mehr Aufmerksamkeit und Können er hier an den Tag legt , desto weniger muss er sich auf die vielfältigen Anforderungen seiner Position einlassen. Unser gegenwärtiges Interesse an der Organisation liegt in einer solchen Skizze, die ihren Rahmen zeigt und es uns so ermöglicht, diejenigen ihrer psychologischen Elemente zu analysieren, die sich auf die Frage des Umgangs mit den Männern auswirken, die sie verfassen.

Der Rahmen. – Egal wie groß die Zahl der Männer ist, die zu irgendeinem Zweck zusammengebracht werden, eine ordnungsgemäße Organisation teilt sie entsprechend der Art ihrer Arbeit in Abteilungen und Unterabteilungen ein. Diese Gruppierung wird fortgesetzt, bis in jedem Fall die kleinste Unterabteilung nicht mehr Personen enthält, als ein Mann bei dieser bestimmten Arbeit durch direkten persönlichen Kontakt und Aufsicht kontrollieren kann. Für jede Abteilung und Unterabteilung wird ein Chef oder Anführer eingesetzt. Er übermittelt Anweisungen von höherer Autorität und trägt die persönliche Verantwortung für die Kontrolle, Arbeit, Disziplin und Effizienz aller ihm unterstellten Personen. Auf diese Weise stellt die Organisation jeden an seinen Platz, gibt ihm eine bestimmte Rolle, die er unter einem vorgeschriebenen Chef spielen kann, und ermöglicht so, dass die gesamte Körperschaft reibungslos wie eine Maschine funktioniert und genau auf die Richtlinien und die Kontrolle des Regierungschefs reagiert.

In der militärischen Organisation geht der Wille des Oberkommandos, egal wie groß die Armee ist, schnell vom Vorgesetzten zum Untergebenen über, bis er schließlich die Truppenführer erreicht und diese ihn an die Männer in den Reihen weitergegeben haben. Die gesamte riesige Maschine kann sich somit gleichmäßig bewegen und genau auf den Mastermind reagieren. Also in jedem großen Unternehmen; Abteilungsleiter, Superintendenten, Vorarbeiter und Untervorarbeiter stellen die Kontrolllinie vom Chef zu allen seinen Männern dar, egal wie zahlreich oder wie weit entfernt sie sind. Diese Untergebenen repräsentieren seine Politik, seinen Willen und seinen Geist. Wie wichtig ist, dass sie sie klar verstehen und sie fair und effizient ausführen.

Es ist unmöglich, mit einem einzigen Kopf alle Details eines großen Vorhabens zu erfassen, und außerdem verdrängt zu viel Liebe zum Detail die Möglichkeit einer Vision und Zukunftsplanung. Daher ist es notwendig, sich zu organisieren und die Autorität und Initiative des Chefs an untergeordnete Führer zu delegieren. Aus diesem Grund sagen wir, dass der große Mann als Führungskraft derjenige ist, der gute Untergebene auswählt, sie zu seinen verantwortungsbewussten und reaktionsschnellen Agenten entwickelt und ihnen dann umfassende Initiative gibt. Und so wie Armeeoffiziere für ihre Positionen und insbesondere in der Kunst, mit Männern umzugehen, geschult werden müssen, müssen diese untergeordneten Führer so geschult werden, dass sie dem Chef versichern können, dass Richtlinien und Anweisungen ordnungsgemäß ausgeführt werden und dass mit den Männern umgegangen wird zum besten Vorteil.

Psychologische Elemente. – Der Chef findet also in der Organisation seines Unternehmens eine Maschine, mit der er seine Absichten verwirklichen soll. Und diese Maschine besteht in all ihren Einzelteilen aus lebendigen, empfindungsfähigen Menschen, die bei richtiger Handhabung hervorragende Arbeit leisten können. Maximale Ergebnisse hängen daher vom Verständnis des Chefs für die menschliche Natur und davon ab, dass er dieses Verständnis auf die praktische Leitung des Unternehmens anwendet. Daher gewinnen die psychologischen Elemente an Bedeutung. Der weise Häuptling definiert daher klar sein Ziel sowie seine Richtlinien und Methoden, um es zu erreichen. Er erlässt Vorschriften, die die Verantwortlichkeiten und Funktionen der verschiedenen Mitglieder der Organisation festlegen, und sorgt dafür, dass diese von allen verstanden und eingehalten werden. Während die Angelegenheit voranschreitet, behält er stets die Erfordernisse der Organisation im Auge, nimmt häufig personelle und methodische Änderungen vor, je nachdem, wie die Entwicklung es erfordert, und überwacht ständig die Wirkungsweise der psychologischen Elemente, die seine Organisation zu einem zukunftsfähigen Unternehmen machen. Das bedeutet, dafür zu sorgen, dass alle die Anforderungen der *Unterordnung* und *Befehlsgewalt* einhalten ; dass es intelligente *Teamarbeit gibt* ; und vor allem, dass in der gesamten Organisation ein ausgeprägter Geist der *Disziplin* und *Moral* herrscht . Alle diese wichtigen Elemente liegen direkt in den Händen seiner untergeordneten Führungskräfte, die unter ihm für deren Existenz und ordnungsgemäße Verwendung in der gesamten Organisation verantwortlich sind. Diese Führungskräfte müssen daher wissen, wie sie mit ihren Positionen umgehen müssen, um diese wichtigen Elemente bei ihren Untergebenen zu entwickeln und aufrechtzuerhalten. Damit wird das letzte und wichtigste Element eingeführt, *die Führung* , die von allen untergeordneten Führungskräften verstanden werden muss. Die Wichtigkeit, all diese für den Erfolg einer Organisation so entscheidenden Elemente beizubehalten, erklärt, warum seine Führungsqualifikationen bei der Bestimmung der Eignung eines Untergebenen für seine Position so sorgfältig berücksichtigt werden und warum eine Ausbildung in Führungsqualitäten erforderlich sein kann.

Unterordnung bedeutet, dass jeder stets die Tatsache anerkennt, dass jeder Einzelne in seinem eigenen Amt seine eigenen besonderen Verantwortlichkeiten und Privilegien hat und dass diese von allen über und unter ihm eingehalten werden müssen. Insbesondere muss jeder Vorgesetzte stets darauf achten, die Rechte und Pflichten seiner Untergebenen anzuerkennen und ihre Befugnisse bei der ordnungsgemäßen Ausübung der Funktionen ihrer Dienstgrade voll auszuschöpfen. Wenn der Vorgesetzte sah, dass ein Mann einen Fehler machte , würde er ordnungsgemäß den Vorarbeiter zurechtweisen, nicht den Mann selbst; Wenn er das Glück hatte, etwas Lobenswertes zu sehen, lobte er den Vorarbeiter oder stellte zumindest sicher, dass der Vorarbeiter anwesend war und das Lob teilte. Dadurch erkennen die Männer, dass der Vorarbeiter für ihre gute oder schlechte Arbeit verantwortlich gemacht wird, dass er in Wirklichkeit ihr Anführer ist, und stärkt so seine Autorität über sie. Es zeigt dem Vorarbeiter auch, dass die übergeordnete Autorität ihn als Chef anerkennt und ihn für die Ergebnisse verantwortlich macht, wodurch seine Initiative, sein legitimer Amtsstolz und sein großes Interesse an der Leistung seiner Männer entwickelt werden.

Während aus Gründen dieses psychologischen Effekts diese geringfügigen Korrekturen und Empfehlungen daher in Anwesenheit der beteiligten Männer vorgenommen werden, muss der Vorarbeiter, wenn er eine ernsthafte Korrektur wegen falscher Politik, Nachlässigkeit oder mangelndem Urteilsvermögen benötigt, zwangsläufig alles tun, was er in der Anhörung seiner Männer korrigieren muss Wenn sie ihren Respekt vor ihm verringern, sollte er im Geheimen zurechtgewiesen werden und die Möglichkeit erhalten, den zusätzlichen Respekt seiner Männer zu gewinnen, indem er den Anschein erweckt, als würde er die Korrektur aus eigener Initiative vornehmen. Wenn der Untergebene auf diese Methoden nicht reagiert, mangelt es ihm an den Grundlagen von Teamarbeit und Führung und er ist seiner Aufgabe nicht gewachsen.

Um Reibungen zu vermeiden, sollte die Funktion jeder dieser Unterordnungsstufen vom Chef bis zu seinen Männern in den Reihen klar definiert und von allen Mitgliedern der gesamten Streitmacht gründlich verstanden werden. Und da diese Schritte das schnelle und sichere Mittel zur Übermittlung des Willens des Häuptlings an seine Männer darstellen, wären sie im Idealfall auch das ebenso sichere Mittel, um dem Häuptling die Gefühle, Meinungen und Vorschläge seiner Männer zu übermitteln. Auf jeden Fall bilden diese Stufen die Sprossen der Leiter, auf der jeder Mann nach einem Aufstieg in der Organisation streben kann, und es sollte stets eine Atmosphäre der Ermutigung für jeden Mann herrschen, der danach strebt, sich für die Arbeit der Organisation zu qualifizieren Mann als nächstes über ihm. Eine solche Atmosphäre befreit den Mann von Ehrgeiz- und Konstruktionsinstinkten und fördert so Interesse, Erfindungsreichtum sowie konstruktive Kritik und Vorschläge.

Zusammenarbeit. — Die Bedeutung von Teamarbeit und ihre Bedeutung für den Erfolg eines Unternehmens sind leicht zu verstehen, aber ihre praktische Anwendung in unseren täglichen Angelegenheiten ist nicht immer so einfach umzusetzen. Allzu oft scheinen egoistische Interessen im Weg zu stehen, und es ist notwendig, den Interessen des Teams auf irgendeine Weise den Eindruck zu vermitteln, dass der Einzelne wichtiger ist als seine eigenen. Generell kann gezeigt werden, dass der größere Erfolg jedes Einzelnen vom Erfolg des Ganzen abhängt, und wenn der Leiter seine Verdienste immer dort anerkennt, wo sie gebührend sind, sollte er in der Lage sein, dieses Verständnis zu etablieren. Es sollte dem Führer helfen, insbesondere dabei, seinen Männern diesen Geist der Zusammenarbeit zu vermitteln, wenn er erkennt, dass auch dies eines der großen Naturgesetze ist. Bischof Brent sagt: „Die Geschichte der Bibel – und im Übrigen die gesamte Geschichte – beginnt mit einem Garten und endet mit einer Stadt." Denn die Entwicklungen des Fortschritts hängen notwendigerweise von den kooperativen Bemühungen der Menschheit ab und zwingen die Menschen daher, zusammen zu leben und zu arbeiten. Es ist wahr, dass Fortschritt aus der Entwicklung des Einzelnen resultiert; aber nicht isoliert. Er muss in engem Kontakt mit seinen Mitmenschen arbeiten. Ein Mann kann alleine wenig erreichen, aber gemeinsam vollbringen Menschen Wunder. Sie müssen also zusammenarbeiten, müssen das Geben und Nehmen der gemeinsamen Mitgliedschaft im Gemeinschaftsleben und der gemeinsamen Verantwortung für die Erreichung des Fortschritts der Rasse praktizieren. Das bedeutet Kameradschaft und Teamarbeit auf ganzer Linie. Das bedeutet, dass jeder Mensch eine Rolle zu spielen hat und Anspruch auf Respekt und Rücksichtnahme hat, je nachdem, wie er diese Rolle spielt, und nicht danach, was sie ist; und es bedeutet, dass kein Mensch das Recht hat, ausschließlich seine eigenen egoistischen Interessen zu berücksichtigen, sondern dass er treu seine Rolle im Team mit seinen Mitmenschen spielen muss. Auf diesem Fundament basieren unsere Ideale von Fairness und Anstand bei Arbeit und Freizeit.

Gute Teamarbeit sichert dem Einzelnen zwei Geisteszustände, die für effizientes Arbeiten am hilfreichsten sind. Unabhängig davon, in welcher Isolation oder Dunkelheit der Einzelne arbeiten muss, ist er sich sicher, dass seine Arbeit ein notwendiger und wichtiger Teil des Ganzen ist und dass ihr die gebührende Wertschätzung zuteil wird. und er wird auch dadurch gestärkt, dass er sich sicher ist, dass jeder seiner Mitmenschen seinen Teil mit gleicher Treue tut, und dass er sich ebenfalls darauf verlassen kann, dass er das Seine tut. In vielen Phasen der Arbeit sowie im Sport ist dieses letztere Gefühl ein großer Ansporn, sein Bestes zu geben. Teamarbeit ist natürlich eng mit Führung verbunden; und wird bei der Erörterung letzterer häufig erwähnt.

Befehl. — Es ist sehr wichtig, eine klare Vorstellung von der modernen Befehlstheorie oder der Art und Weise zu bekommen, wie Untergebene gesteuert werden sollen. Es ist wichtig, weil es eher neu ist und nicht immer verstanden wird, und insbesondere, weil es das einzige Leitprinzip für den Führer bei der gesamten Amtsführung ist. Das Kommando hängt nicht mehr nur vom unbedingten Gehorsam der Untergebenen ab, sondern erzielt die besten Ergebnisse, wenn man in ihnen die beiden wesentlichen Qualitäten *Loyalität* und *intelligente Initiative entwickelt* und ihnen dann vertraut, dass sie ihre Rolle in der vorgeschlagenen Arbeit spielen. Dies ist eine Entwicklung des letzten halben Jahrhunderts, eine intelligente Reaktion auf veränderte Bedingungen. Es basiert auf der modernen Entwicklung des Individuums als verantwortlicher Einheit in der sozialen und politischen Gemeinschaft und insbesondere auf der Tatsache, dass die Größe moderner Unternehmen die diktatorische Kontrolle durch einen einzigen Kopf in früheren Zeiten undurchführbar macht. Die bedingungslose Befolgung exakter Befehle kann nur dann erfolgreich sein, wenn der Mann, der den Befehl gibt, vor Ort ist und mit den jeweiligen Verhältnissen genau vertraut ist, was bei großen Unternehmen in allen Einzelheiten unmöglich ist. Das „Ich befehle, du gehorchst" und das „Du wirst nicht dafür bezahlt, nachzudenken" ist für große Angelegenheiten völlig unzureichend, bei denen die Möglichkeiten für Untergebene, gute Arbeit zu leisten, ständig außerhalb der Vorstellungskraft des großen Chefs liegen müssen und nicht verbessert werden, wenn die Der Untergebene muss auf die Anweisungen des Chefs warten, bevor er handelt, und es sind oft ohne Wissen des Chefs Umstände eingetreten, die es nachteilig machen würden, bestimmte von ihm gegebene Anweisungen auszuführen.

Die moderne Führung erkennt also an, dass der Mann, der vor Ort ist, am besten beurteilen kann, was zu tun ist, und dass wir, wenn er ordnungsgemäß unterwiesen wurde, bessere Ergebnisse erzielen, wenn er nach eigenem

Ermessen handelt, als wenn er Befehlen blind Folge leistet . So traurig es auch für die Romantik ist, der Mann, der heute einen „Angriff der Leichten Brigade" anführte, würde als dumm gelten und wahrscheinlich als ungeeignet für das Kommando angesehen werden. Von den Untergebenen wird nun verlangt, dass sie wissen, was um sie herum vor sich geht, und ein intelligentes Urteilsvermögen an den Tag legen. Positiven Befehlen wird natürlich nach wie vor strikt Folge geleistet, sie werden jedoch nur erteilt, wenn der Vorgesetzte persönlich vor Ort ist und alle Bedingungen kennt. Im Allgemeinen wird der Untergebene über den Aktionsplan und die Rolle, die er dabei spielen soll, informiert und dann wird von ihm erwartet, dass er mit größtmöglichem Nutzen weiterarbeitet. Zu diesem Zweck ist nun die Ausbildung in der Armee konzipiert, nicht nur um den genauen Gehorsam des Mannes gegenüber positiven Befehlen zu kultivieren, sondern noch mehr *um seine Beobachtungs- und Analysefähigkeiten zu entwickeln, damit er die Verhältnisse wahrnehmen kann; seine Vernunftfähigkeit, damit er zu einer logischen Entscheidung darüber gelangen kann, was zu tun ist; und seine Charakterstärke, sodass er bereitwillig die volle Verantwortung übernehmen und freudig tragen kann, aus eigener Initiative zu handeln.* Kann jemand eine bessere Formel für das Training finden, um bei allen Aktivitäten des Lebens eine Rolle zu spielen?

Dieses Befehlssystem entspricht voll und ganz dem demokratischen Charakter und ist hervorragend für den Einsatz in zivilen Unternehmen geeignet. Der Grundgedanke jedes erfolgreichen Managements ist die Entwicklung und Nutzung von Loyalität und intelligenter Initiative bei den Untergebenen. Initiative ohne Loyalität wäre gefährlich, aber aus der Kombination ergeben sich die großen Ergebnisse.

Disziplin. — Die Disziplin jeder Gruppe liegt in der direkten Verantwortung ihres jeweiligen Anführers. Viele Männer schrecken vor dieser Verantwortung zurück, weil sie die Ausübung von Disziplin, wie sie sie verstehen, ablehnen. Und die alten Vorstellungen von Disziplin, die auf Angst und Strafe basieren, sind in der Tat darauf ausgelegt, jedem Demokraten mit Gefühlen zuwider zu sein. Aber lassen Sie ihn einmal verstehen, was Disziplin wirklich ist und wie die höchste Art von Disziplin durch die Nutzung der besseren Eigenschaften der Menschheit erreicht wird, und seine Verantwortung dafür könnte dann zu einer Angelegenheit von großem Interesse und Befriedigung werden.

Es wird das Verständnis von Disziplin viel einfacher machen, wenn man erkennt, wie häufig sie im Alltag vorkommt. Es ist vielleicht das häufigste, denn es kontrolliert uns in praktisch allen unseren persönlichen Angelegenheiten. Sogar der Höhlenmensch muss die durch die Naturgesetze auferlegte Disziplin einhalten; während sich der zivilisierte Mensch mehr oder weniger fröhlich sozialen und gemeinschaftlichen Vorschriften beugen muss, deren Ernsthaftigkeit von einigen Konventionen über das Tragen seines Hutes bis hin zum achtzehnten Verfassungszusatz reicht. Wir sind immer Gegenstand irgendeiner Disziplin; die des Zuhauses, der Schule, der Kirche, des Büros, des Hotels oder der Straßenbahn. Der anständige und glückliche Mensch ist derjenige, der diese Disziplin freudig akzeptiert – oder den Zwängen des Gemeinschaftslebens entflieht. Wie absurd ist daher die weit verbreitete Vorstellung, dass Armeedisziplin eine so einzigartige Angelegenheit sei und dass es notwendigerweise so schwierig sei, Disziplinarist zu sein. Tatsächlich ist die Disziplin, die ein weiser Vater seinem Sohn vermittelt, das vollkommenste Beispiel wirklich wirksamer Disziplin und das Beispiel, das unserer Nachahmung am meisten würdig ist. Hier sehen wir die unerschütterliche Loyalität, den schnellen, fröhlichen Gehorsam und die Bereitschaft, für die Ehre seines Chefs zu kämpfen, die Merkmale guter Disziplin und der sichere Lohn guter Führung sind.

Gruppendisziplin kann als der Geist definiert werden, der die Mitglieder einer Gruppe durchdringt – der kontrollierende Geist, der die Impulse der Einzelnen lenkt und sie dazu bringt, zu versuchen, das Richtige zu tun und für die gemeinsame Sache ihr Bestes zu geben. Es ist für das erfolgreiche Funktionieren einer organisierten menschlichen Maschine ebenso wichtig wie Frischdampf für das Funktionieren einer kalten Maschine. Sein Vorhandensein in jeder Gruppe erkennt man an einem bereitwilligen, fröhlichen Gehorsam gegenüber Anweisungen, an Respekt vor den Autoritätspersonen, an einem Streben nach dem gemeinsamen Erfolg und an einem hohen Gefühl für die Pflicht des Einzelnen. Es wurde zu Recht die „Seele" der Armeen genannt. Das bedeutet, dass es der empfängliche, belebende Geist ist, der die Menschen zu großartigen Taten des Heldentums führt, ihnen den Mut gibt, unbeschreibliche Strapazen fröhlich zu ertragen, sie dazu bringt, ihren individuellen Willen frei dem Willen des Führers zu überlassen, und sie zu einer loyalen, aufstrebenden Gemeinschaft bindet , Opfer bringen, für eine gemeinsame Sache zusammenarbeiten.

Mit einer Politik der unfehlbaren Gerechtigkeit und unabhängig davon, zu welchem Zweck Männer zusammengebracht werden, kann dieser Geist der Disziplin dazu gebracht werden, die gesamte Gruppe zu durchdringen. Es ist das direkte Ergebnis guter Führung und ergibt sich ganz natürlich aus dem Wissen, wie man mit Männern umgeht. Unter schlechter Führung kann es nicht existieren. Sein relativer Wert für die Erzielung von Ergebnissen wurde von Napoleon mit 75 Prozent aller Elemente bemessen, die zum Erfolg im Kampf beitragen. Bei jedem Unterfangen, das den kontinuierlichen Einsatz menschlicher Kräfte erfordert, muss sein Wert als sehr hoch eingeschätzt werden. Eine Organisation, der es an Disziplin mangelt, kann nicht auf Effizienz hoffen. Und da eine schlechte Führung einer Organisation die Effizienz nimmt, kann ihre Effizienz in direktem Verhältnis zu der Qualität der Führung gesteigert werden, die die Verantwortlichen an den Tag legen, insbesondere diejenigen, die in direktem Kontakt mit den Männern stehen.

Ziel der Disziplinierung wird daher darin gesehen, die Gesamtergebnisse zu steigern. Lassen Sie also nicht zu, dass Ihr Geist sich auf Disziplin als das von der Führung angestrebte Ziel fixiert; Es ist nur ein Mittel zur Erreichung dieses eigentlichen Ziels – bessere Ergebnisse. So wie in der Armee so mancher Offizier scheiterte, weil er seine Aufmerksamkeit auf die Disziplinierung konzentrierte und vergaß, dass das Ziel aller Ausbildung und Disziplin der Erfolg in der Tat war, so darf der Anführer bei keiner Aktivität die Wichtigkeit der Disziplin an sich vernachlässigen sein Urteilsvermögen verschleiern, wenn er über einen Schritt zur Erreichung oder Aufrechterhaltung dieses Ziels entscheidet. Es ist nicht das Ziel, sondern soll als Mittel zur Erreichung des wirklichen Ziels genutzt werden – hundertprozentige Ergebnisse.

Moral ist die letzte Entwicklung der höchsten Art von Disziplin und somit der Preis für gute Führung. Sie basiert im Wesentlichen auf dem Glauben an die Sache, für die wir arbeiten, und kann niemals in einer Atmosphäre der Ungerechtigkeit oder des Misstrauens entstehen. Moral zu haben bedeutet, dass wir, egal mit welchem Hindernis oder welcher Schwierigkeit wir konfrontiert sind, ihm absolut vertrauensvoll begegnen, dass wir in der Lage sind, es zu überwinden. Vertrauen – ein berechtigtes Vertrauen – ist daher der Grundstein der Moral. Disziplin und Erfahrung haben dafür gesorgt, dass jeder Mann auf seine eigene Fitness und sein Können, auf die intelligente Führung seines Chefs und auf die Fähigkeiten und die loyale Zusammenarbeit seiner Teamkollegen vertrauen kann. Das Vertrauen seiner Männer in diese drei Dinge zu stärken, muss daher eine ständige Überlegung im Kopf des Anführers sein. Diese Überlegung beeinflusst jede seiner Entscheidungen darüber, was er tun und sagen soll und wie er es tun und sagen soll. Er verwendet die Worte und die Methode, die am besten geeignet sind, um auf diese Ergebnisse hinzuarbeiten, wohlwissend, dass seine Männer durch jede seiner Handlungen beeinflusst werden, entweder Vertrauen in seine Führung, ihre eigenen Fähigkeiten oder den Wert ihrer Mitmenschen oder Misstrauen gegenüber ihnen. So baut er durch ehrliches, intelligentes Selbstvertrauen die Moral auf, die sein Team für alles bereit macht.

Die Manifestationen von Disziplin und Moral und die verschiedenen Appelle, sie zu inspirieren, unterscheiden sich je nach der von den Mitgliedern der Gruppe zu leistenden Arbeit und je nach der Persönlichkeit sowohl des Anführers als auch seiner Männer. Aber alle beruhen auf der Anwendung derselben Prinzipien – und die Anwendung dieser Prinzipien auf den jeweiligen konkreten Fall wird für den betreffenden Führer zu einem interessanten Studium und einer geistreichen Übung. Seine Aufgabe ist es, genau die Art von Geist zu wecken, die er für die besondere Arbeit und mit den besonderen Männern braucht, die er hat. Der Geist, der den Heizer in den Eingeweiden des Schiffes seiner Aufgabe treu hält, unterscheidet sich in seiner Form von dem, der die Geschützmannschaft oben an Deck beseelt – und doch entspringen beide den gleichen Quellen.

Führung. – Die Entwicklung des Menschen als Individuum, seine inhärenten Qualitäten der Männlichkeit, der hohen Zielstrebigkeit und einer sich selbst respektierenden Individualität, die sich immer noch ihrer Verantwortung als Bürger der Gemeinschaft bewusst ist – all diese entwickelten Eigenschaften machen ihn potenziell zu einem großartigen Werkzeug in den Händen von ein geschickter Meister und ein gefährlicher in den Händen eines Pfuschers. Der geschickte Umgang mit diesen Werkzeugen ist daher zu einer anerkannten Kunst geworden. Nur wenn diese Kunst allgemein bekannt ist und von unseren Führern praktiziert wird, kann die Nation hoffen, auch nur annähernd das volle Maß ihrer Arbeitskräfte zu nutzen.

Diese Kunst, mit Männern umzugehen, nennt man Führung; und während des späten Krieges wurde eine Studie zur praktischen Anwendung in allen Armeen erstellt. Von seiner hervorragenden Ausübung dieser Kunst hing die Fähigkeit jedes Militärführers ab, die überlegene Arbeitskraft seiner Männer bereitzustellen, die seiner Einheit den Sieg bescherte. Früher war dies die Aufgabe der wenigen „geborenen Führungskräfte", die offenbar instinktiv wussten, wie sie andere dazu inspirieren konnten, ihr Bestes zu geben. Aber diese geborenen Führer waren zu wenige, um den modernen Anforderungen gerecht zu werden, und so waren wir gezwungen, ihre natürliche Kunst zu einer Frage der Analyse und Unterweisung zu machen.

Diese Kunst basiert auf der Tatsache, dass in jedem Menschen eine enorme latente Kraft steckt, die von einem geschickten Anführer geweckt und genutzt werden kann, der es versteht, die Loyalität, den Stolz und den Ehrgeiz des Menschen zu wecken, sein Äußerstes für den Ruhm seiner Gruppe zu tun und die Ehre seines geschätzten Anführers. Der arme Anführer lässt all diesen enthusiastischen Dienst und diese Hingabe in seinen Männern schlummern und befiehlt daher nur Mittelmäßigkeit. Seine Männer sind gerade gut genug, um den Anforderungen der Kälte gerecht zu werden. Der Buchstabe des Gesetzes ist ihr einziger Leitfaden, und sie suchen möglicherweise sogar nach Mitteln, dies zu umgehen. Eine solche Führung lähmt die Effizienz und schadet tatsächlich dem Charakter des Mannes, der unter ihr agieren muss. Da ihm das Privileg verwehrt wird, seinen konstruktiven Instinkten freien Lauf zu lassen, wird er zur Beute derjenigen, die sich aus Entmutigung und Unzufriedenheit nähren, und das Ende dieses Mannes ist weitaus schlimmer als der Anfang.

Nicht so bei guter Führung. Es gewinnt seine Effizienz und materielle Belohnung nicht auf Kosten der Männlichkeit, sondern durch den Appell an genau die Instinkte, deren freies Spiel dem inneren Menschen Freude bereitet und zur Stärkung seines Charakters und seiner Fähigkeiten führt. Das Ende macht ihn zu einem besseren Menschen und Bürger für die Art von Arbeit, die er geleistet hat. Es ist dieses doppelte Ergebnis, das die Ausübung dieser Kunst so sehr lobt. Selbst der größte Söldner mag es wegen des materiellen Gewinns, den es mit sich bringt, durchaus übernehmen; Der Altruist mag es aus innerer Freude übernehmen, weil er sehen kann, wie der Charakter und die Männlichkeit seiner Männer unter seinen Händen wachsen. Und am Ende wird selbst der Leiter, der es aus materiellen Gründen akzeptiert hat, Selbstzufriedenheit darin finden, dass er das Gefühl haben muss, dass die Gemeinschaft für sein Leben in ihr besser ist.

Führung ist eine Kunst, keine exakte Wissenschaft. Sein Sitz liegt eher in der Seele eines Menschen als in seinem Gehirn. Um dies zu lehren, berufen wir uns im Großen und Ganzen auf das Verständnis und die Wertschätzung eines Menschen dafür, was die Gesetze des Lebens erfordern. Es handelt sich um ein umfassendes Thema, das möglicherweise bei weitem nicht vollständig in einem Kapitel behandelt wird. Aber glücklicherweise muss man nicht einmal annähernd Perfektion erreichen, um als guter Anführer anerkannt zu werden und eine gute Resonanz bei seinen Männern zu erzielen. Der Mensch ist so sehr ein Geschöpf der besseren Instinkte, so empfänglich für faire und anständige Behandlung, dass seine Männer seine Schwächen und Fehler leugnen werden, wenn sein Anführer auch nur ein paar dieser Führungsprinzipien aufrichtig praktiziert. und geben Sie ihm ihre Treue und ihren Dienst ohne Maß.

KAPITEL III
DIE PRINZIPIEN DER FÜHRUNG

Unser Ziel in diesem Kapitel ist es, uns mit den praktischen Elementen der Führung auseinanderzusetzen; herauszufinden, was Führung an die eigenen persönlichen Qualitäten und an die Art und Weise im Umgang mit Männern erfordert. Dabei geht es zunächst darum, den Zweck der Führung zu verstehen. Eine klare Vorstellung vom Ziel eines Unternehmens zu bekommen, sollte immer der erste Schritt bei der Umsetzung sein, denn Männer arbeiten zu einem größeren Vorteil und Führungskräfte führen zu einem größeren Vorteil, wenn das Ziel ihrer Bemühungen in ihrem Kopf klar definiert ist. Man könnte meinen, dass die Alliierten den Krieg nach besten Kräften geführt hätten; Erinnern Sie sich jedoch an die enorme Dynamik, die ihren Bemühungen verliehen wurde, als sie in Beantwortung der Frage des Präsidenten ihr Kampfziel klar definiert hatten.

Das Ziel der Führung besteht also darin, mit seinen Männern so umzugehen, dass ein hoher Geist der Disziplin und Moral, der individuellen Initiative, der Loyalität und der Teamarbeit aufgebaut und aufrechterhalten wird; und diesen Geist so zu lenken, dass die höchste Effizienz zur Erreichung des angestrebten Ziels erreicht wird. Kurz gesagt , ihr Ziel besteht darin, die psychologischen Elemente der Organisationsmaschine zu entwickeln und so ihre Effizienz durch Verdoppelung ihrer Arbeitskräfte zu steigern. Das Ziel jedes Schritts in dieser Diskussion, das psychologische Ziel jedes Schritts in der Führung, besteht also darin, mehr Disziplin und Moral, intelligentere Initiative, stärkere Loyalität und bessere Teamarbeit sicherzustellen. Der Schüler muss diese Gegenstände sowohl im Studium als auch in der Praxis stets im Auge behalten, da sie ihm bei allem, was er sagt oder tut, einen Zweck oder eine Anleitung geben. Das Erreichen dieser Ziele ist für einen guten Leiter eine ständige Inspiration; Durch seine Kommentare und Kritik während des Fortgangs der Arbeit, durch jede seiner Verwaltungshandlungen versucht er, Moral und Initiative sowie all diese wesentlichen Eigenschaften in den Charakteren seiner Männer zu stärken.

Was die *persönlichen Qualitäten* betrifft, die von einem Leiter verlangt werden, verlangen wir lediglich, dass jeder die Fähigkeiten, die er besitzt, intelligent nutzt. Es ist nicht beabsichtigt, alle hohen Qualitäten der großen Führer der Geschichte aufzuzählen und dann zu erwarten, dass der Leser sie zu seinen eigenen macht. Keiner von uns besitzt auch nur annähernd all diese Eigenschaften oder auch nur eine davon in Perfektion. Aber wir alle haben einen gewissen Sinn für Gerechtigkeit und Fairness, verfügen über ein gewisses Maß an Männlichkeit und Selbstbeherrschung und können unser Urteilsvermögen und unsere Willenskraft einsetzen. Es geht darum, den Wert unserer verschiedenen Qualitäten zu erkennen und sie durch

intelligenten Einsatz zu kultivieren. Wir sind alle Menschen – geben wir es
zu und handeln wir entsprechend. Und das wäre ein sehr guter erster Schritt
zum Erfolg in der Führung, denn nichts anderes hört man so oft aus dem
aufrichtigen Mund seiner bewundernden Männer über einen guten Führer
wie: „ *Er ist ein echter Mensch* .“ Allein das Erkennen der Bedeutung dieser
Tatsache sollte als Inspiration und hervorragender Leitfaden dienen.

Viele Männer mit nur mittelmäßigen Fähigkeiten haben eine große Aufgabe
nach der anderen erfolgreich erledigt, einfach weil sie die Fähigkeit besaßen,
die Loyalität, Initiative und besten Bemühungen ihrer Untergebenen zu
wecken. Vielen anderen mit stärkerem Charakter und höheren geistigen
Fähigkeiten ist dies nicht gelungen, weil es ihnen nicht gelang, ihre
Untergebenen zu inspirieren und sie sogar zu verärgern. Und obwohl dieser
scheinbare Mangel an Taktgefühl auf einen natürlichen Mangel
zurückzuführen sein mag, war er in neun von zehn Fällen auf die Tatsache
zurückzuführen, dass sie eine alte Regel zur Durchsetzung von Disziplin als
Leitfaden akzeptiert hatten oder dass sie dies auch getan hatten Ich habe mir
nie Gedanken über den Umgang mit Männern gemacht und bin mir seiner
Wichtigkeit bewusst geworden. Es ist nicht schwer zu lernen, wie man seine
Fehler vermeidet, und sich die Kunst derer anzueignen, die es verstehen, die
begeisterten Bemühungen anderer zu inspirieren.

Es versteht sich also, dass wir nicht über die hohen Qualitäten des
Übermenschen diskutieren oder danach streben, die Führung eines Lincoln
zu erlangen. Es muss auch klar sein, dass nicht alle diese Punkte auf einen
bestimmten Führungsfall zutreffen, da viele davon möglicherweise
unangemessen sind. Aber alle basieren auf der gleichen Philosophie der
menschlichen Kontrolle und stehen im Einklang mit dem modernen Geist
des Individualismus, der zu einem vorrangigen Anliegen geworden ist. Wenn
Sie also etwas lesen, das Ihnen in dem Fall, den Sie im Sinn haben, vielleicht
unvernünftig erscheint, denken Sie angemessen darüber nach, ob es auf
bestimmte Fälle anwendbar ist, und wägen Sie es ab, um Ihr Verständnis für
den wahren Geist der Führung zu erweitern. Im allgemeinen Fall kann man
darüber nicht viel wissen. Je breiter Ihr Wissen und je klarer Ihre
individuellen Meinungen sind, desto besser können Sie Ihre speziellen
Probleme beurteilen. *Du* bist der große Faktor. Am Ende wird es das sein,
was Sie glauben, denken und fühlen, was Sie erfolgreich macht oder nicht.
Sie werden nie gewinnen, wenn Sie irgendwelchen abstrakten Regeln folgen,
die Sie selbst nicht kennen und nach denen Sie nicht leben.

Qualifizierung zur Führung. — Jeder Mann mit angeborenem Charakter kann
in der Lage sein, erfolgreich zu führen. Hunderttausende junge Amerikaner
bereiteten sich so im Spätkrieg darauf vor, ihre Kameraden als Offiziere,

Offiziere und Unteroffiziere, zu führen. Viele verfügten über keinerlei Führungserfahrung und hatten noch nicht einmal einem Diener eine Anweisung gegeben. Doch durch die Anwendung lernten sie schnell, wie sie mehr oder weniger erfolgreich als Anführer und ihre Männer als treue Gefolgsleute agieren konnten. Niemand erwartet Perfektion. Alle historischen Aufzeichnungen bis auf einen Anführer ohne Fehler. Es ist undurchführbar, Regeln zu befolgen oder Eigenschaften anzunehmen, die nicht natürlich sind. Das Wichtigste ist, sich darüber im Klaren zu sein, dass Führung weiterentwickelt werden kann, ihre alltäglichen Grundlagen in Ihr System zu integrieren und zu lernen, wie Sie sie auf die Probleme Ihrer Position anwenden.

Ihre eigene Persönlichkeit ist für Sie das Einzige, was zählt. Lernen Sie, seine Stärken und Schwächen, seine Möglichkeiten, das Richtige und das Falsche zu tun, und seine wahrscheinliche Wirkung auf andere zu schätzen. Beherrschen Sie es gut, indem Sie Selbstbeherrschung üben, und sorgen Sie dafür, dass es intelligent und Ihren Wünschen entsprechend funktioniert. Sie werden Fehler machen – die besten Männer tun es. Es geht darum, den Verstand genug zu haben, den Fehler zu erkennen, ihn zu korrigieren und zu versuchen, eine Wiederholung zu vermeiden. Sie beobachten sich selbst und andere und fragen sich jeweils, ob das Beste getan wurde, um das gewünschte Ergebnis zu erzielen. Im Allgemeinen gibt es eine gute Sache, die man sagen oder tun kann, und mindestens ein Dutzend falsche. Die Wahrscheinlichkeit ist groß, dass man das Falsche verwendet, aber wenn man darüber nachdenkt, lernt man, das Richtige zu wählen, bis man es am Ende ganz instinktiv tut. Wir können das Ganze so zusammenfassen: dass Sie beginnen, in Ihrem Job ernsthaft über sich selbst nachzudenken und zu dem Schluss kommen, dass Sie natürlich, aufrichtig, fair und selbstbeherrscht sein werden; dass Sie erkennen, dass Ihre Instrumente Menschen sind und dass Sie sie durch *Ihre eigene* Persönlichkeit kontrollieren müssen ; und dass Sie sich daher dazu entschließen, Ihre Persönlichkeit und Ihre Werkzeuge zu studieren, damit Sie sie intelligent einsetzen können. Die Beobachtung und persönliche Anwendung der Ergebnisse ist das Tolle.

Keine zwei Anführer dürfen genau gleich handeln, denn jeder muss seine eigene Persönlichkeit einsetzen. Der eine mag von Natur aus kalt, kurz und streng sein, der andere höflich und sanft, und doch sind beide gleichermaßen gute Anführer. Aber wenn Sie die Behandlung ihrer Männer analysieren, werden Sie feststellen, dass beide die gleichen Grundprinzipien von Gerechtigkeit, Fairness und Respekt für ihre individuelle Entwicklung befolgen.

Und so wie die Persönlichkeiten der Führer unterschiedlich sein müssen, so wird es auch bei den Männern noch mehr Unterschiede geben. Um sie zu kontrollieren, müssen Sie über fundierte Kenntnisse der menschlichen Natur verfügen – denn während alle Menschen mehr oder weniger gleich auf bekannte Instinkte und Gewohnheiten reagieren , gibt es Zeiten, in denen Sie den Einzelnen berücksichtigen müssen. Hier bereiten Sie Beobachtung, Erfahrung und Nachdenken darauf vor, intelligent zu handeln. So wie ein guter Reiter bald mit gleicher Sicherheit und Erfolg mit einem Vollblut oder einem Kaltblut umgeht, so lernt der Anführer der Männer instinktiv, welche Berührung er den Zügeln oder Sporen geben muss, um das gewünschte Ergebnis zu erzielen. Und wenn Sie sich in einem bestimmten Fall nicht sicher sind, was Sie tun sollen, überlegen Sie, was Sie an seiner Stelle zu einer fröhlichen Reaktion veranlassen würde und was Sie zum „Widern" bringen würde. Lassen Sie dies entscheiden, was Sie tun werden. Im Allgemeinen wird es das Richtige sein, denn im Grunde sind wir alle ziemlich gleich.

Vor allem müssen Sie authentisch sein. Sie müssen die Persönlichkeit nutzen, die Gott Ihnen gegeben hat – nutzen Sie sie nur auf natürliche Weise und mit ernsthafter Absicht, um das Spiel fair zu spielen. Wenn Sie von Natur aus sanft und taktvoll sind, danken Sie Gott und versuchen Sie nicht, ein Bär zu sein, denn Sie haben einen großen, stämmigen Mann gesehen und bewundert, der ein erfolgreicher Anführer war. Die Echtheit und Ernsthaftigkeit Ihrer persönlichen Bemühungen, das Richtige zu tun, wird weiter gehen als die bestmögliche Nachahmung eines anderen, sei er noch so gut.

Selbstkontrolle . — Sie schrecken wahrscheinlich vor dem Gedanken zurück, sich selbst in die Hand zu nehmen und sich auf die Führung vorzubereiten. Aber es ist ganz natürlich, dass Sie sich auf diese Weise trainieren sollten, denn Selbstbeherrschung ist der erste Schritt zur Fähigkeit, andere zu kontrollieren. Und Sie werden Ihre eigene Selbstdisziplin umso eifriger verwirklichen, wenn Sie die menschliche Natur beobachten und die Segnungen des Mannes bemerken, der selbstdiszipliniert ist, und den Fluch des Mannes, der dies nicht tut, sowohl für sich selbst als auch für seine Mitmenschen. Diejenigen Eltern, die ein Kind undiszipliniert zum Mann heranwachsen lassen, belasten die Gemeinschaft, in der es sich bewegen soll, stark und belasten vor allem den Mann selbst stark. Er ist egoistisch, gereizt, brennt bei jedem Widerstand in Leidenschaft, sein Egoismus prägt alles in seinem Leben, er ist im Sport oder im Geschäftsleben ein schlechtes Mitglied der Mannschaft und wird von seinen Mitmenschen häufiger geduldet als herzlich willkommen geheißen. Er muss viele harte Lektionen lernen, bevor er die wahren Werte im Leben um ihn herum wertschätzt und so ein wirklich wertvolles Mitglied der Gesellschaft wird. Weit davon entfernt, in der Lage zu sein, andere zu führen, stellt er im Allgemeinen das größte Problem für den Leiter dar, der nun die Arbeit erledigen muss, die die Eltern in der Kindheit des Mannes hätten erledigen sollen.

Sie gehen vielleicht davon aus, dass Sie über den erforderlichen angeborenen Führungscharakter verfügen, andernfalls wären Sie nicht in der Lage, ihn einzusetzen. Es bleibt Ihnen überlassen, seinen Wert zu beweisen und seine natürlichen Eigenschaften zu verbessern. Sie werden dies nicht durch Theateraufführungen auf der Tribüne oder sogar durch Gebete tun. Sie werden dies erreichen, indem Sie die menschlichen Probleme Ihrer Position weiterhin aufmerksam angehen und eine Selbstdisziplin an den Tag legen, die Sie für Ihre Aufgaben fit macht und hält.

Rücksichtnahme auf die Rechte anderer. — Für jeden Bürger ist es gut, sich bewusst zu machen, dass er Teil einer Gemeinschaft ist, deren Mitglieder ebenso wie er selbst Anspruch auf eine gewisse Rücksichtnahme haben. Dies ist sicherlich wichtig für den Mann, der für das Verhalten anderer verantwortlich ist. Jeder hasst ein Schwein als Kandidaten für eine sportliche, geschäftliche oder gemeinschaftliche Tätigkeit. Man sieht, wie er Frauen und alte Männer mit den Ellbogen beiseite stößt, während er sich nach vorne an einen Fahrkartenschalter drängt; und so hat er einen anstrengenden Tag lang immer andere gejammert und mit Füßen getreten, um das Beste für sich herauszuholen. Er erlangt eine fragwürdige Genugtuung für sein aufgeblähtes Ego, allerdings auf Kosten der Verachtung seiner Mitmenschen, die genug über das Leben nachgedacht haben, um zu erkennen, dass sein Typus ein Fluch für das Zusammenleben in der Gemeinschaft und alles andere als wünschenswert als Merkmal der Rasse ist.

Versetzen Sie sich in seine Lage. – Wenn Sie einem Mann etwas antun wollen, können Sie eine Axt oder einen Hammer nehmen und ihn in ihn treiben – in diesem Fall hinterlassen Sie ihn wund und rebellisch – oder indem Sie sich gedanklich in seine Lage versetzen, können Sie sich so ausdrücken, dass Sie es tun Gewinnen Sie seine fröhliche Zustimmung – auch wenn er, was oft vorkommt, am Ende nicht denkt, dass er die Idee selbst erfunden hat. Die letztere Methode nennt man taktvoll sein – und führt im Vergleich zur ersteren zu zehnfachen Ergebnissen, ganz zu schweigen von der Steigerung der Lebensfreude für alle Beteiligten. Wenn Sie eine Idee mit dieser Methode präsentieren, achten Sie auf die Form und die Art und Weise, wie Sie sie präsentieren. Konzentrieren Sie Ihre Gedanken nicht nur auf die Idee, sondern lassen Sie ihn sie nehmen, wie er möchte. Es erfordert nur ein wenig Überlegung darüber, was die wahrscheinlichen Gefühle und Gedanken des anderen sind, eine Verwirklichung seines Standpunkts und wie Sie sich an seiner Stelle fühlen würden. Der Anführer, der seinen Aufstieg von unten erkämpft hat, hat den Vorteil, dass er die Sichtweise seiner Männer kennengelernt hat. Dennoch wirft er es oft weg und zeigt einen geschwollenen Kopf, indem er sein „Hey du!" brüllt. in völliger Missachtung der empörten Gefühle, von denen er wissen muss, dass dies immer hervorgerufen wird.

Es ist viel effizienter, einigermaßen taktvoll zu sein – rücksichtsvoll zu sein. Um dies zu tun, mag man ein wenig Eitelkeit opfern, mag vor sich selbst und seinen Mitmenschen nicht als ein solcher Herr der Schöpfung erscheinen, aber er wird bessere Ergebnisse erzielen, das Leben für alle lebenswerter machen und sich einen Platz in der Wertschätzung sichern von anderen, was ihm in einer künftigen Situation durchaus einen zehnfachen Vorteil verschaffen könnte. Es ist nie der wirklich große Mann, dessen Arroganz die Gefühle der weniger Glücklichen verletzt oder ihm verbietet, Respekt und Rücksichtnahme gegenüber jedem Mann zu zeigen, der seine zugewiesene Aufgabe gut erfüllt, egal in welcher Eigenschaft. Diese Arroganz findet man eher bei der Kröte, die versucht, andere glauben zu machen, sie sei ein Ochse – und je bescheidener der Stand eines Mannes ist, desto wahrscheinlicher ist es, dass er eine Kröte erkennt, wenn er einer begegnet, und desto mehr Schmerzen bereitet ihm das sich seinen tierischen Ansprüchen beugen.

Loyalität und Initiative. — Wir haben gesehen, wie der Führer dafür verantwortlich ist, diese Eigenschaften bei seinen Untergebenen zu entwickeln. Er gewinnt ihre Loyalität zu ihm, indem er ihre Bewunderung für die persönlichen Qualitäten gewinnt, die er an den Tag legt; und ihre Loyalität gegenüber der größeren Organisation und der Sache, durch sein eigenes Beispiel und durch zeitgemäße Kommentare. Er entwickelt ihre intelligente Initiative durch die Richtlinien und Methoden, die er anwendet, um sie bei ihrer Arbeit zu behandeln. Er fördert stets die individuelle Leistung und legt Wert darauf, jedes Interesse, jeden Einfallsreichtum, jeden Einfallsreichtum oder jede Verbesserung zu loben. Er hält die Gruppe darüber auf dem Laufenden, was sie als Ganzes zu tun versucht, sodass jeder das Ziel seines jeweiligen Teils verstehen und nach Möglichkeiten suchen kann, es besser zu machen. Er sagt dem Mann, was er tun soll, nicht wie er es tun soll, und lobt alles, was originelle Anstrengung und Entscheidung zeigt. Durch konstruktive Kritik und Erklärungen ermutigt er den Mann, es beim nächsten Mal besser machen zu wollen. Kurz gesagt , er ermutigt seine Männer, ihre Entscheidungen zu beobachten, nachzudenken, zu entscheiden und entsprechend zu handeln. Solange ihr Geist loyal ist, erzielt ein solcher Dienst die besten Ergebnisse, und er muss bei der Entwicklung dieser Fähigkeiten geduldig sein.

Entwicklung der Männerkräfte . – Wie natürlich ist es, ungeduldig mit dem Mann zu sein, der seine ersten Bemühungen verpfuscht. Wie oft greift der Meister nach dem Ding und erledigt es selbst, anstatt darauf zu warten, dass unerfahrene Hände den Weg finden. Der Elternteil sagt gereizt: „Ich mache es lieber selbst, als zuzusehen, wie John damit zu kämpfen hat.“ Dem Chef ist es wichtiger, dass eine bestimmte Sache genau so erledigt wird, wie er es tun würde, als dass es ihm um all das Gute geht, das sich aus der entwickelten Fähigkeit und dem Einfallsreichtum seiner Männer ergeben könnte.

Natürlich sind diese alle falsch. Ihr Weg ist nicht immer der beste. Ein Weg ist oft so gut wie der andere, und Verbesserungen entstehen durch den interessierten Erfindungsreichtum des Arbeitnehmers. Ihr Ziel besteht darin, das Beste aus Ihren Männern herauszuholen, und gute Arbeit wird nicht in einer Atmosphäre der Demütigung und Entmutigung geleistet. Sie müssen die natürliche Zurschaustellung von Temperament bei Unbeholfenheit und die scharfen Bemerkungen vermeiden, die darauf hindeuten, dass Sie den Mann für einen hoffnungslosen Idioten halten. Wenn er es wirklich ist, haben Sie ein anderes Problem und sollten es vermeiden, Ihre Zeit und die der anderen damit zu verschwenden, ihn auszunutzen. Sie entwickeln Männer und ihre Kräfte. Die konstruktiven und erfinderischen Instinkte gedeihen in einer Atmosphäre der Ermutigung, und die Möglichkeit, sie einzusetzen, sorgt dafür, dass der Arbeiter fröhlich seiner Aufgabe nachgeht. Sie erhalten durch dieses Kontrollsystem eine doppelte Belohnung: die Befriedigung, zu sehen, wie die Fähigkeiten Ihrer Untergebenen unter Ihren Händen wachsen, und die Befriedigung, dass Sie unter Ihrer Führung mehr Leistung oder Leistung bringen.

Popularität. — Sollte ein Anführer bei seinen Männern nach „Beliebtheit" streben? Auf jeden Fall, wenn er Manns genug ist, um es aufgrund seiner Verdienste zu gewinnen, denn es ist ein wichtiger Faktor bei der Etablierung ihrer Loyalität. Aber es ist für den Anfänger sehr leicht, eine falsche Vorstellung davon zu haben, wie man Popularität erlangt. Er muss sich darüber im Klaren sein, dass er dies nicht durch nachlässige Methoden, durch das Übersehen von Fehlern und Versäumnissen, durch Bevormundung, durch Mitgefühl mit Knurren und Streiten über die Art und Weise, wie Dinge erledigt werden müssen, und auch nicht durch irgendetwas anderes erreicht, das Disziplin und Moral untergräbt . Eine solche Beliebtheit wird zu Recht als billig bezeichnet. Es braucht keine Männlichkeit, um es zu bekommen, es hat keinen Wert, wenn man es einmal hat. Eine solche Führung ist schlimmer als wertlos, sie richtet tatsächlich Schaden an. Es wird als Schein entlarvt, wenn es zum ersten Mal Ausdauer zeigt, wenn es darum geht, den wahren Mut und die Fähigkeiten der Gruppe auf die Probe zu stellen. Dann muss eines von zwei Dingen passieren: Misserfolg, oder ein besserer Mann springt aus der Menge hervor, nimmt diesen schwachen Händen die Führung und führt die Männer durch die Notlage.

Wir haben dies oft genug in der Armee gesehen, wo die Autorität in Friedenszeiten einen Schwächling innehatte, der in den eigentlichen Diensttests in die Reihen verschwand, während ein starker, ruhiger Charakter an die Front trat und erfolgreich die Verantwortung übernahm Führung. Es ist die Pflicht des gesamten Managements, diese schwachen Führungskräfte zu entdecken und zu beseitigen. Es ist gleichermaßen die Pflicht eines jeden Führers, sich selbst und seine Methoden zu studieren und sicherzustellen, dass beide die Eigenschaften aufweisen, die seine Führung rechtfertigen und ihr einen solchen Charakter verleihen, dass sie allen Notstandsanforderungen standhält.

Die Popularität, die zählt, die Männer sagen lässt, sie würden dem und dem bei allem folgen, sie dazu bringt, mit ihrem Chef zu prahlen und stolz darauf zu sein, unter ihm zu dienen, basiert auf der Bewunderung für seine wahren Fähigkeiten, dem Vertrauen in seine Fairness und Gerechtigkeit usw im Mut und der Stärke seines Charakters. Er hat sich diese Popularität dadurch erworben, dass er allen gegenüber absolut fair und fair war, indem er dafür gesorgt hat, dass sowohl Privilegien als auch zusätzliche Härten gerecht unter seinen Männern aufgeteilt werden, indem er jeden zur strengen Pflichterfüllung verpflichtet, indem er Verdienste dort belohnt, wo sie angebracht sind, und indem er Verstöße anerkennt, wo sie angebracht sind Dies geschieht dadurch, dass er in seiner Amtsführung alles wie Täuschung oder Doppelzüngigkeit vermeidet, indem er niemals den Anschein erweckt, dass er einen seiner Männer ignoriert, weil er in der Gruppe keine Bedeutung hat, und indem er ein aufrichtiges persönliches Interesse am Wohlergehen seiner Männer als Individuum und vor allem an den Tag legt durch den Einsatz seines eigenen Kopfes bei der Planung und Voraussicht, um seinen Männern unnötige Arbeit oder Ärger zu ersparen und dennoch ihre Effizienz zu steigern, wodurch sie erkennen, dass er wirklich die Fähigkeit hat, sie zu führen.

Aussehen – Was die Würde betrifft. — Der Leiter vertritt seine Position in der Annahme, dass er aus der gesamten Gruppe der beste Allrounder für den Job ist. Er muss diesen Ruf der Exzellenz bewahren und ihn durch weitere Leistungen ausbauen. Vor allem im Aussehen – in der Art und Weise, wie er sich vor seinen Männern verhält. Die Art der Arbeit kann das Maß an Würde bestimmen, das mit dem Amt einhergehen muss, aber in jedem Fall muss jeder Mensch bei seinen Führern eine gewisse Würde finden, der er instinktiv seinen Respekt entgegenbringen kann. Das ist ungefähr das Maß an Würde, das sich ganz natürlich aus Ernsthaftigkeit und Aufrichtigkeit der Absichten ergibt. Es ist keine Tugend, die man annehmen kann, kein oberflächliches Gewand, das man für die Arbeit anzieht. Es hat nichts mit Hochmut oder Steifheit zu tun – es sei denn, es handelt sich um eine vermeintliche Würde, die oft so zum Ausdruck kommt. „Es kommt einfach daher, dass man die Dinge im richtigen Verhältnis sieht – große Dinge groß, kleine Dinge klein" und zeugt eher von Demut als von Stolz. Es verbietet Ihnen, Ihre Männer zu bevormunden und den Eindruck zu erwecken, dass Sie ihnen gegenüber im Umgang herablassend sind, und es gibt zu, dass Sie sowohl ihre ernsten Anliegen als auch ihren Spaß teilen. Professor Hocking sagt: „Der schnelle Übergang vom Spaß zum Geschäftlichen und das sofortige Mitnehmen Ihrer Männer ist der Test für echte Würde. Die beiden Gegensätze von Würde sind dauerhafte Feierlichkeit und dauerhafte Trivialität." Beide wirken sich negativ auf den Menschen aus.

Zum Beispiel. – Denken Sie auch in puncto Aussehen daran, dass Sie ein Vorbild sind. Nachahmung ist ein großartiger Lehrer – der einzige Lehrer unserer Kindheit, den wir als Mann nicht verachten sollten. Ihre Männer werden genauso sein wie Sie – wenn Sie wirklich ihr Anführer sind. Ihr Beispiel an Fröhlichkeit, Schnelligkeit, Loyalität gegenüber Vorgesetzten, Sauberkeit, Höflichkeit, Energie und Interesse wird bei den Männern Anklang finden. Ich habe gesehen, dass dies so weit ging, dass der Haarschnitt, der Winkel des Hutes und andere persönliche Besonderheiten kopiert wurden. Die Macht des Vorbilds ist eine mächtige Kraft und sehr nützlich, um Loyalität aufzubauen.

Ein wichtiges Beispiel, das Sie geben können, ist Ernsthaftigkeit und Interesse an der Arbeit. Die Ausführung der Arbeit muss für Sie eine lebenswichtige Angelegenheit sein. Lustlosigkeit und Gleichgültigkeit Ihrerseits werden von den Männern schnell zum Ausdruck kommen, während sie gleichermaßen auf ein angemessenes Maß an Klugheit und Ernsthaftigkeit Ihrerseits reagieren. Sie können sich vorstellen, wie viel Ernst wir in unseren Englischunterricht in West Point gesteckt haben, wo wir einen alten Lehrer hatten, der die Augen schloss und döste, während jeder Kadett rezitierte. Der Wunsch, in seine Kurse aufgenommen zu werden, war groß, doch damit hörte es auf. Sie sollten den Eindruck erwecken, dass Ihnen Ihre Arbeit so wichtig ist, dass Ihnen die kleinen Dinge, die Ihr eigenes Wohlbefinden beeinträchtigen, gleichgültig sind. Wenn die Männer sehen, dass Sie Ihre Position ausnutzen, um Annehmlichkeiten zu genießen, die ihnen verwehrt bleiben, erzeugt das einen Geisteszustand, der gute Arbeit beeinträchtigt. Ein gutes Beispiel dafür war das Verhalten eines Kavalleriekapitäns auf den Philippinen, der, da er in der Hitze des Tages Übungen durchführen musste, seine Position im Schatten eines einsamen Baumes in der Ebene einnahm und seine Truppe exerzierte umkreise ihn. Diese Übung trug weder wesentlich zur Exzellenz der Truppe noch zu ihrer Loyalität gegenüber dem Kapitän bei.

Was die Fähigkeit angeht. – Auch hier möchten Sie den Männern den Eindruck vermitteln, dass sie in jedem einzelnen Fall sofort wissen, was zu tun ist, schnelle Entscheidungen treffen und das, was sie unternommen haben, auch in die Tat umsetzen, ohne ihre Meinung zu ändern. Wir werden später ausführlicher darauf eingehen, hier reicht es aus, zu sagen, dass Sie, indem Sie im Voraus alle Einzelheiten eines bestimmten Unterfangens herausfinden und es sorgfältig planen, es mit einer offensichtlichen Entscheidungsbereitschaft und Ressourcen durchführen können, die Sie überraschen werden ; und ein paar solcher Erfolge werden Ihren Ruf als fähige Führungskraft festigen.

Detailkenntnis . — Ihre Position setzt voraus, dass Sie die Arbeit besser kennen als jeder andere Mann in der Gruppe. Im Allgemeinen sollten Sie in der Lage sein, die Aufgaben jedes Einzelnen mindestens so gut zu erfüllen, dass Sie wissen, wann er am besten arbeitet, dass Sie besonders gute Leistungen erkennen und loben können, dass Sie ungeeignete Methoden korrigieren und den Weg weisen sollten Verbesserung. Dieses überlegene Wissen gibt Ihnen das Selbstvertrauen, vor den Männern als ihr Anführer aufzutreten und ihnen Anweisungen und Befehle zu erteilen, von denen Sie wissen, dass sie vernünftig sind. Die Männer spüren und erkennen diese Überlegenheit instinktiv und erweisen ihr auf natürliche Weise Respekt und Gehorsam.

Natürlich kann niemand vernünftigerweise behaupten, alles zu wissen oder in jedem Detail geschickter zu sein als bestimmte Spezialisten. Diese Tatsache wird von der gesamten Gruppe offen anerkannt und wird genutzt, um den Stolz einzelner auf ihre besondere überlegene Leistung zu wecken, und auch als Grund dafür, von allen zu erwarten, dass sie Vorschläge für etwaige Verbesserungen machen, die sie sich vielleicht ausgedacht haben.

Vorschläge der Männer. — Diese Vorschläge sollten wirklich gefördert und bei ihrer Unterbreitung angemessen berücksichtigt werden. Bei Annahme ist dem Mann Anerkennung zu zollen, bei Ablehnung ist ihm mitzuteilen, warum es nicht für gut befunden wird. Es ist ein Fehler zu glauben, dass der Anführer seine Kaste verliert, wenn er die Vorschläge seiner Untergebenen annimmt oder ihnen sogar zuhört. „Niemand kann mir sagen, wie ich diesen Job machen soll" ist eine engstirnige Politik, die die Eigeninitiative zerstört – und sie stimmt sowieso nicht. Schon die Aussage zeigt, dass der Leiter seine Aufgabe nicht vollständig kennt, denn jeder ist verbesserungsfähig, und jede Aufgabe wird besser erledigt, wenn das gemeinsame Interesse und der Einfallsreichtum aller damit verbundenen Personen stimmen.

Prestige. — Der Anführer verliert nichts von seinem Ansehen, wenn er die Gedanken seiner Untergebenen hört und berücksichtigt. Am Ende liegt die Entscheidung bei ihm und darauf müssen alle reagieren. Und es schadet seiner Führung nicht, offen sagen zu müssen: „Ich weiß es nicht. Ich muss das untersuchen." Wenn er feststellt, dass er einen falschen Weg eingeschlagen hat, kann es nicht schaden, auch nur offen zuzugeben, dass er sich geirrt hat, insbesondere wenn seine Handlung zufällig einem seiner Männer Unrecht zugefügt hat. Fehler werden gerne verziehen, aber keine Gemeinheit oder Ungerechtigkeit. Denken Sie immer daran, dass die Männer die Männlichkeit ihres Anführers bewundern und Gerechtigkeit von ihm fordern. Diese Eigenschaften sind besser als Unfehlbarkeit, denn schließlich möchten sie das Gefühl haben, dass man ein Mensch ist. Und vor allem werden sie einen Bluffer nicht respektieren. Es ist aussichtslos, zu bluffen, wenn man es nicht weiß. Jemand wird Sie kennen und entlarven, und der Respekt Ihrer Männer verschwindet.

Männer nach ihrer Meinung fragen. – Ich kenne erfolgreiche Führungskräfte, die es sich zur Regel gemacht haben, zu fragen, wann immer einer ihrer Männer mit einer Frage oder einem Problem zu ihnen kam: „Was denken Sie darüber? Was würden Sie raten?" Der Mann hat in der Regel schon seit einiger Zeit darüber nachgedacht, bevor er es präsentierte. Wenn es sich um eine Frage zur Arbeit handelt , hat er wahrscheinlich eine Lösung im Sinn, die seiner Meinung nach eine Verbesserung darstellt, und das ist seine Art, sie in Betracht zu ziehen. Indem Sie ihn auf diese Weise nach seiner Meinung fragen, fördern Sie sein persönliches Interesse am allgemeinen Erfolg, gewinnen seine Mitarbeit, geben Gelegenheit zur Selbstdarstellung, die jedem Mann mit Selbstachtung so viel bedeutet, und nicht zuletzt gewinnen Sie Zeit zum Nachdenken Ihre eigene Antwort, während er seine vorträgt. Dies ist oft eine besonders gute Möglichkeit, den Fall eines Mannes zu bearbeiten, der Ihnen wegen einer Pflichtverletzung vorgeführt wird. Fragen Sie ihn, was er, wenn er der Boss wäre, mit einem Mann tun würde, der das gleiche Vergehen begangen hätte. Es ist erstaunlich, wie ihm dadurch die ganze Situation klar wird, an die er vorher wahrscheinlich noch nicht gedacht hatte, und in neun von zehn Fällen schlägt er eine härtere Strafe vor, als Sie verhängen würden, und geht aus dieser Erfahrung als viel reaktionsschnelleres Mitglied hervor der Gruppe als zuvor.

Ein Vertreter der Autorität. – In jedem geschäftlichen Unternehmen ist der unmittelbare Anführer einer Gruppe für seine Männer der direkte Vertreter der Autorität, die sie mit ihren Aufgaben beauftragt; über den Zweck und die Politik, die ihre Bemühungen inspirieren; und der Geschäftsführung, die das Unternehmen leitet. Diese Männer werden ihren Eindruck von der Gerechtigkeit und Fairness dieser Autorität größtenteils von dem erhalten, was ihr Anführer an den Tag legt; Sie werden die Würdigkeit seines Zwecks und seiner Politik anhand seines Enthusiasmus und seiner Loyalität beurteilen. und wird die Effizienz seines Managements anhand dessen beurteilen, was sein Anführer täglich zeigt. Das Management hat dies alles berücksichtigt, als es Sie als Führungskraft ausgewählt hat. Jetzt liegt es an Ihnen, dies im Umgang mit Ihren Männern ständig zu berücksichtigen. Je unwissender der Mann ist, desto eher sind Sie sein einziger Vertreter dieser Elemente und desto wichtiger ist es, dass Sie ihn fair und weise behandeln. Vielleicht handelt es sich bei ihm um einen armen Einwanderer, der unsere Sprache nicht versteht und für seine Vorstellungen von der Fairness unseres Managements und dem Wert unseres industriellen Lebens und unserer Institutionen völlig darauf angewiesen ist, wie Ihre Behandlung ihn beeindruckt. Es liegt an Ihnen, ihn zu einem zufriedenen, nützlichen Arbeiter und glücklichen Bürger zu machen – und nicht, ihn in die Reihen der

Revolution zu treiben, indem Sie ihn glauben machen, dass Autorität ungerecht ist und unsere Institutionen seiner Loyalität unwürdig sind.

Das Oberhaupt der Familie. — Ein guter Anführer ist immer ein eifersüchtiger Hüter der Persönlichkeitsrechte seiner Männer. Nur wegen seiner Leiche wird einem von ihnen oder seiner Gruppe als Ganzes Unrecht zugefügt. Bei jedem Kontakt mit der größeren Organisation ist er ihr Fürsprecher, und dafür schätzen sie ihn. Der Gruppeninstinkt ist einer der starken Selbstschutzinstinkte. In den vielfältigen Gruppierungen der modernen Gemeinschaft wählt der Einzelne diejenigen Gruppen aus, von denen er glaubt, dass sie ihm den besten Schutz bieten, und denen er seine Loyalität schenkt. Der Anführer nutzt diese psychologische Tatsache jedoch aus, indem er seinen Männern klar macht, dass er ständig auf der Suche nach ihren Interessen ist. Er rudert vielleicht selbst (väterlich) gegen sie, aber er lässt es nicht zu, dass jemand anderes es tut. Er sieht, dass sie bekommen, was auf sie zukommt. Wenn Not zu ertragen ist, sorgt er dafür, dass sie gerecht ertragen wird, und teilt sie mit ihnen. Wenn die Nahrung knapp und die Unterkünfte schlecht sind, wie es bei Feld- und Ingenieurarbeiten oft der Fall ist, ruht er nicht, bis er alle Anstrengungen unternommen hat, um sie zu verbessern, und achtet beim Teilen sehr darauf, sich selbst keine Gunst zu erweisen. Er kämpft für ihren guten Namen und für die volle Anerkennung ihrer Verdienste. Wenn einer seiner Männer ein Problem hat, wird es zu seinem Problem, bis es behoben ist. Dadurch vermittelt er das Gefühl, dass es sich um eine Familienangelegenheit handelt und dass er das Oberhaupt der Familie ist. (Übrigens wird er mit Sicherheit belohnt, denn die Männer werden bald ein großes Interesse am Wohlergehen des Oberhauptes ihrer Familie haben.) Und am Ende sprechen die Männer von „ *unserer* “ Gruppe – nicht von Smiths oder Smiths Gruppe Brown ist aber „unsere“ Bande, denn jeder erkennt, dass seine Interessen darin die gleichen sind wie die der anderen. Und solange seine Männer die Truppe nicht als unsere und nicht als seine bezeichnen, weiß der Anführer möglicherweise, dass er noch nicht den kooperativen Geist hat, den er sich wünscht.

Der Gruppengeist . — Jede Gruppe von Individuen, die für ein gemeinsames Ziel zusammenarbeiten, wird unbewusst eine Art Gruppengeist entwickeln. Das muss passieren. Der Leiter weiß, dass der Erfolg weitgehend davon abhängt, wie dieser Geist aussehen soll, und er ist bestrebt, ihn zu einem hilfreichen Geist zu machen. Indem er die Männer kennenlernt und „wie sie darüber denken“, bleibt er in engem Kontakt mit dem Geist, der sie alle durchdringt, und durch hier und da Anregungen trägt er viel dazu bei, dass alles so aufgebaut wird, wie es laufen und entstehen soll Die Männer fühlen sich seinem Team zugehörig. Wenn er diesen Geist gut kennengelernt hat, kann er sich darauf verlassen, dass seine Männer auf bestimmte Aufrufe oder Impulse in einer bestimmten Weise reagieren, und so macht er diesen

Gruppengeist zu einem Werkzeug in seiner Hand, um Ergebnisse zu erzielen. In schwierigen oder angespannten Zeiten spielt er mit diesem Geist, um neue Energie oder Ausdauer zu wecken, und abgestumpfte Muskeln erwachen zu neuem Leben, so wie Kampfmusik den zurückgebliebenen Schritten müder Soldaten neues Leben und Schwung verleiht. Auf diese Weise kann der Geist die Menschen stets dazu bringen, weit über die normale Leistung hinaus auszuhalten, es zu wagen und weiterzumachen. So läuft das Vollblut unermüdlich, bis sein mächtiges Herz vor der Anstrengung bricht, während man keine Angst davor haben muss, das ehrgeizige Kaltblut zu töten, das bei den ersten Anzeichen von Müdigkeit langsamer wird und aufgibt.

Daher ist der gute Anführer ständig auf der Suche nach Möglichkeiten, diesen großartigen Geist in seiner Gruppe aufzubauen. Durch Wort und Tat und insbesondere durch die umsichtige Ausführung der anstehenden Arbeit fördert er den Geist, die Dinge durchzusetzen und sich niemals unterkriegen zu lassen, was sie, wenn es darauf ankommt, zum Erfolg führen wird. Seine Männer erkennen, dass das, was er von ihnen verlangt, immer vernünftig ist und der Effizienz dient; Sie stellen fest, dass er stets ihr Wohlergehen vor sein eigenes stellt und dass er umso stolzer auf ihren Erfolg für das Team ist. Und ihnen wird klar, dass er zwar ihre Arbeit so lenkt, dass sie sie für sie so interessant wie möglich macht, dass er aber niemals Misserfolge für sie oder sich selbst akzeptieren wird, sondern darauf bestehen wird, sie erfolgreich zu erledigen. Auf diese Weise ist es möglich, einen so starken Gruppengeist zu etablieren, der darauf abzielt, gute Arbeit zu leisten und allgemein den Sieg davonzutragen, dass die Männer selbst hinter den Nachzüglern her sind und die Wertlosen zur Eliminierung als ungeeignet für die Mitgliedschaft im Team entlarven.

Dieser Geist erfordert Effizienz. — Solche Ergebnisse sind für den Leiter in direktem Verhältnis zu seinem Wissen über seinen Job und seiner Fähigkeit möglich, die Arbeit effizient und ohne Zeit- oder Energieverschwendung durchzuführen. Männer hassen von Natur aus Ineffizienz. Sie werden kritisch, ätzend in ihren Bemerkungen und schließlich empört sie sich vor einem Anführer, der ihre Zeit und Mühe verschwendet, der bei Entscheidungen zögert und sich fragt, ob er dies oder das tun soll und wie man beides tun soll, der nicht über die richtigen Werkzeuge und Materialien verfügt Hand, der immer den falschen Mann für eine Arbeit auswählt und der die Arbeit aller aufhält, während er sich mit den ungeschickten Bemühungen eines „Dub" herumschlägt. Ein solcher Anführer wird niemals einen guten Geist entwickeln. Das ergibt sich nur aus der Umkehrung dieses Bildes der Inkompetenz.

Arbeite für den Anführer. — Aber nicht alle Führer mögen Götter sein, wenn es darum geht, ihre Angelegenheiten immer richtig und sicher zu regeln. Stimmt, aber durch den Blick nach vorn, durch die Planung und Vorbereitung auf jede neue Aufgabe, durch Kopfarbeit und Überstunden können sie sich für jede Aufgabe so fit machen, dass sie ihre Männer mit einer so effizienten Führung durch die Aufgabe führen können, dass es ihnen so vorkommt, als würden sie es tun sei fast gottähnlich. Das bedeutet natürlich Arbeit für die Führungskraft. Aber die Vorstellung ist töricht, dass die Arbeit weniger zunimmt, je höher man auf der Karriereleiter aufsteigt. In Wirklichkeit verdient der Leiter, der nur halb so gut ist, wie er in seiner Position sein sollte, im Allgemeinen weit mehr als sein Gehalt. Seine Aufgabe ist keine leichte. Der Ehrgeiz nach Leistung, der Stolz auf den Erfolg, die Freude an der Erfüllung männlicher Verantwortung und nicht die Freude an einer leichten Aufgabe, für die manche es halten, sind die Motive, die den Leiter an seinem Amt festhalten.

Wo Führung sich wirklich zeigt. — Wenn wir zusehen, wie ein geschickter Chef seine Männer durch eine Aufgabe führt, Werkzeuge und Material zur Hand haben, jeder Mann effizient arbeitet und alle Teile reibungslos auf das Ergebnis hinarbeiten, wie natürlich ist es, auszurufen: „Was für eine Teamarbeit!“ und „Was für ein Anführer!“ Aber aus jahrelanger Erfahrung sage ich Ihnen, dass dieser Leiter so gut zu sein scheint, nicht weil Gott ihn besonders mit Fähigkeiten ausgestattet hat, sondern weil er sich zuvor hingesetzt und geplant hat, wie er diese besondere Aufgabe bewältigen wird, und weil er sich Mühe gegeben hat um rechtzeitig dafür zu sorgen, dass alles für die Arbeit vorbereitet ist. Seine überlegene Führung zeigt sich nicht in der Arbeit, die er hier verrichtet, sondern in der Arbeit, die er zuvor geleistet hat, um die Disziplin und Teamarbeit seiner Männer aufzubauen und sich auf die effiziente Bewältigung dieser besonderen Aufgabe vorzubereiten. Aus diesem Grund scheint er sich seiner selbst und seiner Männer jetzt so sicher zu sein, und das ist die eigentliche Aufgabe der Führung: sich selbst, seine Männer und sein Team im Voraus so anzupassen, dass sie reibungslos und zum besten Vorteil ohne Verschwendung oder Reibung arbeiten können.

Das Vertrauen der Männer sichern. — Es ist ein häufiger Fehler von Führungskräften, zu viel als selbstverständlich zu betrachten und davon auszugehen, dass Männer die Bedingungen verstehen, ohne sich die Mühe zu machen, sie zu erklären. Denken Sie daran, dass ein Mann keine gute Arbeit leisten kann, wenn in seinem Geist Angst, Misstrauen oder sogar Zweifel an seinen Rechten, seinen Pflichten oder seiner Zusicherung, unparteiische Gerechtigkeit und faires Handeln zu erhalten, hegen. Selbstvertrauen und die Kenntnis der Bedingungen, unter denen er arbeitet, werden seinen Geist von diesen störenden Eindringlingen freihalten. Anstatt diese geistige Freiheit zu gewährleisten, sind viele Führungskräfte so arm, dass sie geradezu Furcht und Unruhe schüren. Vielleicht kann nichts mehr dazu beitragen, seinen Geist sofort für nützliche Impulse freizumachen, als ihm gedruckte Regeln und Vorschriften zur Verfügung zu stellen, die die Politik des Unternehmens in Bezug auf Verwaltung und Kontrolle klar definieren; die Rechte, Pflichten und gegenseitigen Beziehungen seiner Mitglieder; und insbesondere die Methode, mit der jeder im Falle einer tatsächlichen oder vermeintlichen Verletzung seines Rechts auf Gerechtigkeit und unparteiische Behandlung eine sofortige Prüfung durch eine höhere Behörde erreichen kann. Wir alle wissen, dass in der Industrie das Misstrauen des Mannes gegenüber der Unparteilichkeit und Ehrlichkeit seines Chefs oft berechtigt ist, und wir können die Vorteile erkennen, den Mann über seine Rechte zu informieren und ihm einfachen und sicheren Zugang zu höherer Autorität zu ermöglichen. Die Größe moderner Organisationen hat das Management allzu oft dazu gebracht, seine Verantwortung in Bezug auf Disziplin und faire Behandlung seiner Mitarbeiter zu vergessen. Diese Arbeiter befinden sich heute in einer Situation, die der unserer Vorfahren nicht unähnlich ist, die von ihrem tyrannischen König eine schriftliche Anerkennung ihrer Rechte erzwingen mussten – Rechte, die so einfach und grundlegend sind, dass sie selbstverständlich zu sein scheinen und lediglich Schutz zu erfordern scheinen von einem selbstsüchtigen, gefühllosen Rohling. *An niemanden werden wir verkaufen, an niemanden werden wir leugnen oder verzögern, Recht oder Gerechtigkeit* können durchaus der Magna Charta entlehnt und als Grundregel für die Innenverwaltung vieler moderner Unternehmen veröffentlicht werden.

Gerechtigkeit gewährleisten . – Der Besitz von Autorität bringt einen weisen Mann dazu, die Rechte anderer zu berücksichtigen, damit er nicht schweres Unrecht begeht. Auf einen Mann mit beschränkter Seele und Intellekt dürfte es eine ganz andere Wirkung haben. Er wird oft egoistisch, gemein und arrogant, gleichgültig gegenüber den Gefühlen und Rechten anderer, hat eine Vorliebe für Favoriten, die er aus egoistischen Gründen auswählt. Damit verweigert er die Gerechtigkeit und verwirkt sein Recht auf Führung. Solche Männer wie Chefs in der Industrie sind oft die Ursache für ernsthafte Arbeitsprobleme und immer die Ursache für eine verminderte Produktion. Durch Täuschung und Doppelzüngigkeit verbergen sie diese Eigenschaften möglicherweise lange Zeit vor höheren Autoritäten, während sie weiterhin die humanste Managementpolitik negativ beeinflussen. Wenn sich in einer Gruppe von Männern Probleme zeigen, suchen Sie daher zunächst nach der Ursache in der mangelhaften Führung ihres Chefs. Aus demselben Grund findet ein erfolgreiches Management Mittel und Wege , die Methoden seiner Untergebenen zu überprüfen, und sorgt dafür, dass allen klar ist, dass jeder Mann jederzeit Zugang zu einer höheren Autorität hat, um etwaige Beschwerden vorzubringen.

Freude daran, die Arbeit gut zu machen. — Der Mensch hat von Natur aus wahre Freude daran, eine Arbeit gut zu machen, am erfolgreichen Spiel seiner konstruktiven Instinkte. Es macht ihm wirklich Freude, alles gut zu machen, was er anpackt. Dies war eine weitere weise Gabe der Natur, als sie beschloss, dass der Mensch ihr Hauptinstrument für den Fortschritt in der Welt sein sollte. Was auch immer ein Mensch in einer angenehmen Gemütsverfassung tut, er strebt von Natur aus nach Perfektion – der Bauer blickt mit freudiger Belohnung zurück, um zu sehen, dass er eine saubere, gerade Furche gezogen hat, der Zimmermann und der Mechaniker erhalten einen inneren Glanz von der Perfektion Es war keine poetische Einbildung, die David Gray so viel Freude bereitete, als er unter der heißen Sommersonne diesen Entwässerungsgraben grub. Diese Freude an der guten Ausführung der Arbeit ist das Ergebnis eines natürlichen Instinkts und stellt eines der besten Mittel zur Erzielung von Ergebnissen dar, wenn der Leiter weiß, wie man sie nutzt.

Wenn Sie einen Mann sehen, der sich nicht für seine Arbeit interessiert und nicht versucht, gute Ergebnisse zu erzielen, sondern vielleicht sogar absichtlich schlechte Arbeit leistet, können Sie sicher sein, dass etwas grundsätzlich falsch läuft. Es ist ein stärkerer Instinkt geweckt worden, dessen Kraft es diesem Glücklichen verbietet, sich auf den Bau einzulassen. Unsere stärksten Instinkte sind diejenigen, die auf unseren Selbstschutz abzielen, und einer davon könnte die Ursache für das Problem sein. Wenn die Umstände so sind, dass der Mann Angst um sein Wohlergehen, seinen Lebensunterhalt oder vor Ungerechtigkeit hat, ist es wahrscheinlich, dass entgegengesetzte Instinkte den Instinkt, es gut zu machen, überwältigen oder ihn zumindest verwirren. Daher können wir nur dann bessere Ergebnisse erwarten, wenn ein System Fairness und Gerechtigkeit gewährleistet und wenn ein Führer diese Regeln ehrlich praktiziert.

Der Fluch des bewussten Deadbeating. — Eine häufige Beschwerde über Wehen ist, dass der Mann am Ende der Arbeit zu müde ist, um an diesem Tag etwas anderes zu tun. Dies gilt jedoch nicht wegen der Menge an Arbeit, die er geleistet hat, sondern wegen des geringen Maßes an Interesse und Ehrgeiz, das er in diese Arbeit stecken durfte. Der Mensch ist so geschaffen, dass er am glücklichsten ist, wenn er harte und gute Arbeit verrichtet, wenn er nur den richtigen Geist mitbringt. Dies ist der Fluch des mangelnden Vertrauens zwischen Arbeitgebern und Arbeitnehmern und der daraus resultierenden Gewerkschaftspolitik, die ihren Mitgliedern das Privileg verweigert, ihren konstruktiven Instinkten freien Lauf zu lassen. Diese Politik legt einen Standard der Mittelmäßigkeit fest und fügt damit täglich Gewalt gegen den Charakter jener fähigen, ehrgeizigen Männer zu, die, statt die Freiheit zu haben, ihr Bestes zu geben, gezwungen sind, bewusst als „Deadbeats" zu arbeiten. Kein Wunder, dass diese Männer nachts müde sind und kein Herz für fremde Interessen haben. Sie arbeiten in einem Geist, der ihre Männlichkeit untergräbt und ihre Selbstachtung als Mitglieder der Gemeinschaft verletzt. Sie können dies an ihren Hang-Dog-Gesichtern sehen, wenn sie bei ihrer Arbeit „Soldat" sind. Nur der ehrliche Glaube an die Notwendigkeit dieser Politik des Faulenzens konnte sie dazu bringen, ihr treu zu bleiben. Auch das wird nicht immer reichen; Denn Männer interessieren sich oft mehr für den Erfolg „ihres Geschäfts", ihres Unternehmens, als für den Moment an der Einhaltung gewerkschaftlicher Vorschriften. Wenn keine besondere Gefahr droht oder ein Problem auf dem Spiel steht, appelliert ein kluger Chef möglicherweise so sehr an die konstruktiven Instinkte, dass sie die selbstschützenden Instinkte dominieren.

Die öffentliche Meinung dürfte bei der oben genannten Frage eine wichtige Rolle spielen. Die Gemeinschaft ist an allem interessiert, was den Charakter ihrer Bürger und die Produktion ihrer Industrie so wesentlich beeinflusst. Es kann zu einer Entscheidung kommen; und bestimmte Maßnahmen fordern, von denen sie glaubt, dass sie eine Situation korrigieren, die sie für so schädlich halten. Und dies geschieht möglicherweise ohne eine wirkliche Vorstellung von den Tatsachen, so dass sein Diktum wahrscheinlich sowohl die Interessen des Arbeitnehmers als auch die des Arbeitgebers verletzt. Viel besser wäre es, wenn die Führer beider Länder ihr gemeinsames Problem für ihr eigenes gemeinsames Interesse selbst lösen würden – und viele haben dies getan.

Diese Frage muss für Gewerkschaftsführer eine ernsthafte Überlegung sein. Denn nur die Führung kann von Dauer sein, die *den Fortschritt ermöglicht* . Sein Zweck muss klar und ehrlich sein und den konstruktiven Instinkt befriedigen. Sonst wird die Anhängerschaft abfallen und nach etwas anderem suchen, das diese Befriedigung bietet. Appelle an Leidenschaft und Vorurteile werden Männer in kurzer Zeit weit bringen, aber früher oder später kommt die Zeit für ernsthaftes Nachdenken. Dann müssen diese Männer davon überzeugt sein, dass ihr Weg zum Fortschritt und zu einem größeren letztendlichen Wohl führt. Und wenn die Führung keine umfassende, auf der Realität basierende Vision hat, wird sie deren Trugschluss oder Selbstsucht entdecken und sie daher aufgeben.

Abhängig von einem Mann. – Sie können einem Mann so stark das Gefühl vermitteln, dass Sie ihm vertrauen, dass er in einer bestimmten Angelegenheit fair handeln wird, und ihm so „die Verantwortung geben", dass sein Sinn für Männlichkeit und sein guter Sportsgeist ihm das Gefühl geben, dass er es ihm schuldig ist Dir Gutes zu tun. Dies ist ein starker Einfluss auf das Verhalten – zu stark, um ständig genutzt zu werden. Für Normalsterbliche, die sich im Allgemeinen mehr Freiheit von den Eingebungen des Gewissens wünschen, kann es leicht zur Belastung werden. Es geht darum, es nur in besonderen Fällen anzuwenden und so seine positive Wirkung sowohl auf die erzielten Ergebnisse als auch auf den Charakter des Mannes zu erzielen. Wenn Sie es verwenden, tun Sie dies ganz natürlich und einfach, ohne viel Aufhebens oder Reden und schon gar nicht, ohne ihn förmlich „auf seine Ehre zu stellen". An der Berechtigung Ihres Vertrauens sollte kein Zweifel bestehen – es ist so sicher, dass Sie nicht darüber reden müssen. Hier ist ein Beispiel: Ich fand in meinem Kommando in Camp Grant einen stämmigen Soldaten, der als Gefangener eine dreimonatige Haftstrafe verbüßte und als mürrischer, unbotmäßiger Rohling galt, der niemals diszipliniert werden würde. Bald darauf brachte ihn sein Major zu mir mit der äußerst ungewöhnlichen Bitte um Genehmigung, den Mann nach Chicago gehen zu lassen, damit er während einer schweren Operation bei seiner Frau sein könne. Der Mann brachte seinen Fall vor – zu stolz und eigensinnig, um ihn um einen Gefallen zu bitten. Ich entdeckte, dass er das Gefühl hatte, dass seine erste Strafe eine grobe Ungerechtigkeit gewesen sei und dass er danach so verärgert gewesen sei, sich absichtlich der Autorität zu widersetzen. Ich fragte, wie lange er in Chicago bleiben würde – er wusste es nicht. Ich nutzte die Chance und ermächtigte den Major, ihn in völliger Freiheit gehen zu lassen und so lange zu bleiben, wie es der Mann für nötig hielt. Er war zurück, lange bevor wir ihn erwartet hatten, und in einer völlig neuen Stimmung. Bald wurde ihm die Reststrafe wegen guten Benehmens erlassen, und bevor wir nach Frankreich aufbrachen , war er Unteroffizier und einer der besten untergeordneten Anführer, wenn es darum ging, treue Dienste zu leisten. Ein weiterer guter Bürger hat es geschafft – oder zumindest vor der Hölle gerettet, in die er fuhr. Wenn er den Krieg überlebt hat, ist er heute stolz auf den Dienst, den er einst wegen seiner Ungerechtigkeit hasste – und eines Tages wird er sich zweifellos für sein Hauptamt als Bürgermeister der Stadt einsetzen.

Eigentum und Selbstdarstellung . — Andere starke Instinkte, die der Führer ausnutzen sollte, sind die des Eigentums und des Selbstausdrucks. Um den vollen Nutzen aus seinem Instinkt, seine Arbeit gut zu machen, zu ziehen, sollte dem Mann das Gefühl vermittelt werden, dass er ein persönliches Interesse an der Arbeit hat, die er ausführt, und dass er bei der tatsächlichen Ausführung seiner eigenen Fähigkeiten, seines Einfallsreichtums und seines eigenen Talents einsetzt Erfindungsreichtum. Also achtet der Anführer auf die Chance und lässt eine Bemerkung fallen, um zu zeigen, dass er sieht, wie gut der Mann einen Schritt gemacht hat, den er gemacht hat, und dass es nicht schadet, wenn andere die Bemerkung belauschen! Der Leiter ist ebenso darauf bedacht, es als Smiths Aufgabe zu bezeichnen, die Art und Weise zu loben , wie *Smith* damit umgegangen ist, den ausgezeichneten Zustand von Smiths Werkzeugen zu loben und so Smiths geringen Erfolg zu belohnen und ihn als Ergebnis seiner individuellen Arbeit erscheinen zu lassen Wenn er seine eigene Arbeit mit *seiner eigenen Maschine* oder seinem eigenen

Werkzeug erledigt, vermittelt er allen das Gefühl, dass jeder seine eigene Arbeit auf seine eigene Art und Weise erledigt und entsprechend Anerkennung erhält.

Denken Sie auch daran, dass dieselben konstruktiven Instinkte der Männer für Sie als ihren Anführer eine andere Bedeutung haben. Sie werden die Männer verärgern, wenn sie aufgrund Ihres schlechten Urteilsvermögens, Ihres Zögerns bei der Entscheidungsfindung und Ihrer Fehler aufgrund mangelnder Voraussicht nutzlose Arbeit verrichten, Energie verschwenden und sogar kurz vor dem Scheitern stehen. Dadurch erkennen Sie die Notwendigkeit, Ihren Job zu kennen und sich sorgfältig auf den Umgang mit den Einzelheiten vorzubereiten.

Den Zweck der Arbeit kennen . – Die menschliche Natur erfordert, dass der Mensch, bevor er sein Bestes geben kann, den Zweck seiner Arbeit kennt. Der Zweck ist das große Leitmotiv allen Lebens, und wir sind so geschaffen, dass wir in all unseren Bemühungen nach dem Zweck streben, und wenn wir ihn finden und daran glauben, geben wir ihm natürlich unser Bestes. Es heißt, dass einer der drei größten Fehler im heutigen Umgang mit der Arbeit darin besteht, dass die Männer nicht wissen, was sie tun oder warum. Doch es ist klar, dass ein Mann ein gewisses Interesse an seiner Aufgabe haben muss, bevor er viel Herzblut oder Intelligenz in sie stecken kann. Es ist durchaus möglich, bei der Zuweisung einer Aufgabe sicherzustellen, dass der Mann den Zweck der Aufgabe versteht, welchen Teil sie darstellt und welche Bedeutung sie für die allgemeine Arbeit des Teams hat. Ganz gleich, wie prosaisch dieser Teil auch sein mag, der Mensch kann sich im Laufe seiner Arbeit ein geistiges Bild des vollendeten Ganzen machen, sehen, wie sein Teil darin hineinpasst, und seine konstruktiven Instinkte einsetzen, um seinen Teil zu vervollkommnen. Unterdessen wirkt sich die Notwendigkeit, dem Mann auf diese Weise den Gegenstand der Arbeit klar zu definieren, positiv auf den Leiter aus. Es erfordert, dass er eine klare Vorstellung von diesem Ziel hat, und ermöglicht ihm so, bei der Fortführung der Arbeit treuer an der Linie zu bleiben.

Um zu veranschaulichen, wie wichtig es ist, zu wissen, warum, stellen Sie sich zwei Männer vor, die jeweils an einem anderen Tag Eimer mit Wasser aus einem Bach tragen, um sie in einen Tank auf einem nahegelegenen Hügel zu schütten. Man weiß, dass jeder Tropfen dieses Wassers für die notwendige Bewässerung eines Gartens, den man hinter dem Hügel sehen kann, kostbar ist; Der andere hat keine Ahnung, warum das Wasser transportiert wird – soweit er weiß, könnte jemand versuchen, den Bach auszutrocknen. Ersterer würde nicht nur mehr Wasser transportieren, sondern er würde auch mehr Freude an seiner Arbeit haben und versuchen, Mittel zu finden, um die transportierte Menge zu erhöhen; und wenn die Nacht kam, würde er weit weniger müde sein. Dies verdeutlicht eine Wahrheit, die für alle menschlichen Aktivitäten gilt, und es ist die Aufgabe des Führers, sie für die gute Wirkung zu nutzen, die sie auf seine Männer und die zu erledigende Arbeit haben wird.

Beim Beginn einer neuen Arbeit, eines neuen Vorhabens oder einer neuen Politik ist es am effizientesten, die gesamte Gruppe der betroffenen Männer zu versammeln und ihnen zu erklären, was Sie und sie gemeinsam versuchen werden; wie sie dafür organisiert sind und welche Rolle jeder übernehmen soll; und schließlich ein solches Bild des zu vollbringenden Ganzen, das als Inspiration dienen oder zumindest an die Vernunft appellieren kann. Lassen Sie nicht zu, dass Ihren Männern jemals gesagt wird, dass sie in Unwissenheit darüber arbeiten, was sie zu tun versuchen, und dass sie dadurch daran gehindert werden, intelligentes Interesse und Kooperation in ihre jeweiligen Bereiche zu stecken.

Beziehung zwischen Führer und Männern. — Die Beziehung, die zwischen dem Anführer und seinen Männern bestehen sollte, ist schwer genau zu erklären. Es hängt weitgehend von der Persönlichkeit des Führers ab, und dementsprechend muss jeder dies für sich selbst herausfinden. Für Anfänger stellt dies fast immer eine schwierige und peinliche Angelegenheit dar, da sie dazu neigen, in ein unglückliches Extrem zu verfallen, indem sie sich entweder mit einer Atmosphäre der Isolation und Autokratie umgeben oder zu viel Vertrautheit und sogar Frivolität zeigen. Denken Sie zunächst daran, dass der Anführer kein Autokrat oder Diktator ist, sondern der Erste seiner Gefährten. Diese Position legt Verantwortung und Autorität in seine Hände und eine gewisse Einschränkung der völligen Freiheit seiner Beziehungen zu den anderen. Er darf in vollkommener Freundschaft immer noch mit seinem Vornamen angesprochen werden; kann sogar liebevoll mit einem Spitznamen versehen werden; kann und sollte mit seinen Männern in gegenseitiger und absolut unparteiischer Freundschaft und Vertrauen stehen; Dennoch muss etwas von Überlegenheit und wahrer Würde in der Reserve bleiben, das sie anerkennen und das es für sie selbstverständlich macht, ihn zu respektieren und seinen Anweisungen zu gehorchen. Er mag intim sein, darf aber nicht vertraut sein. Er sollte höflich und rücksichtsvoll für ihre Interessen sein, darf aber niemals herablassend wirken.

Wenn Sie sorgfältig darauf achten, werden Sie feststellen, dass ein echter Gentleman oder eine echte Dame immer höflich gegenüber Personen in untergeordneten Positionen ist. Der wirkliche Vorgesetzte macht sich keine Sorgen um sein Ansehen und geht ruhig mit seinen Untergebenen um. Diejenigen, die sie schikanieren, zeigen damit, dass sie nicht über lange Erfahrung in der Ausübung von Autorität verfügen. Der wahre Geist Amerikas glaubt an die Würde der Arbeit. Unsere Nation wurde im tatsächlichen Schweiß unserer Vorfahren aufgebaut, die mit ihren eigenen Händen die Wälder abgeholzt und den Boden bestellt haben und nicht versucht haben, die Arbeit der Eingeborenen zu versklaven, wie es die Pioniere taten, die die Länder weiter südlich kolonisierten. Dieser Geist bleibt bestehen und macht es für uns selbstverständlich, diejenigen zu respektieren, die ihren Teil bei der Tätigkeit, die das Schicksal ihnen gegeben hat, gut leisten. Daher sind der Anführer und seine Männer, der Arbeitgeber und der Arbeiter alle Arbeitsgefährten, und jeder zeigt Respekt vor den Fähigkeiten und Leistungen des anderen.

Das ist der Geist der Beziehung zwischen Führer und Menschen, nach dem er sein Verhalten regeln soll. Sie können sehen, dass dieser Geist durch alles wie Bevormundung oder die Zurschaustellung von pompöser Autorität oder kindischer Vertrautheit mit Sicherheit beleidigt wird. Sowohl Männer als auch Anführer haben jeweils Anspruch auf ernsthafte Rücksichtnahme auf den anderen und auf Respekt in direktem Verhältnis zu der Fähigkeit, die jeder bei der Erfüllung seiner eigenen Rolle im Team an den Tag legt; und jeder wird durch diesen Test beurteilt. Wie ein Offizier einer der neuen Kriegsorganisationen seinen Männern den Geist erklärte , den er bei der Ausbildung anstrebte: „Wir sind alle im selben Team. Es kommt vor, dass ich jetzt in der Pitcher's Box bin, aber eines Tages jeder von ihnen." Wir müssen zum Schläger kommen.

Aufnahme neuer Männer. — Der ultimative Erfolg eines neuen Mannes, der einer Gruppe beitritt, hängt natürlich davon ab, was wirklich in ihm steckt. Es kann jedoch viel getan werden, um diesen Erfolg zu beschleunigen. Es ist seit Jahrhunderten üblich, den Neuankömmling zu trüben und so das wirkliche Zeug hervorzuheben, wenn es da ist. Dies ist jedoch in der modernen Praxis nicht anerkannt, die darauf abzielt, schneller gute Ergebnisse zu erzielen, indem man ihn ermutigt und ihm zeigt, wie es geht, anstatt ihn mit einem Marlin-Spieß auf den Kopf zu schlagen, weil er es nicht weiß. Beide Ausbildungsschulen haben ihre Anhänger, und die Jugend – mit Ausnahme des Hazee – befürwortet im Allgemeinen das Schikanieren. Es gibt einiges zu sagen, das dafür spricht, dass die Einschüchterung genügend vernünftig ist, um alle Tendenzen zur „Frische" zu beseitigen, die den Fortschritt des neuen Mannes behindern könnten, und genug, um ihm ein Verständnis für den Ernst des Lebens einzupflanzen, wo es daran mangelt. Die Schwierigkeit besteht jedoch darin, die Einschüchterung mit Bedacht anzugehen – zu vermeiden, dass man es übertreibt oder es dort tut, wo es nicht nötig ist.

also zu einer weiteren Sorge des Leiters, der dafür sorgen muss, dass jeder neue Mann nach Möglichkeit den richtigen Start bekommt. Sie können sicher sein, dass die meisten neuen Männer es gut machen wollen. Ermutigen Sie sie in dieser Richtung und versuchen Sie zu verhindern, dass irgendetwas geschieht, das sie auf die andere Seite lenken könnte. Für die meisten von ihnen wird es eine große Hilfe und ein Ansporn für eine bessere Arbeit sein, wenn Sie frühzeitig Ihr freundliches persönliches Interesse an ihrer Entwicklung zum Ausdruck bringen. Es wird viele Dinge geben, die sie nicht verstehen, und einige echte oder eingebildete Probleme. Dies ist Ihre Chance, eine vertrauensvolle Beziehung aufzubauen, in der sie es sich zur Gewohnheit machen, Ihnen diese Probleme zur Lösung zu bringen, anstatt sie in ihren Köpfen wühlen zu lassen und als Abschreckung für die guten Arbeitsimpulse zu wirken. Dies gibt Ihnen viele Möglichkeiten, den Gruppengeist zu verbessern, und kann eines Tages ein Mittel sein, um echte Missstände auszuräumen, die andernfalls zu ernsthaften Problemen führen könnten.

Die Zukunft des Mannes hängt weitgehend von seinem Start ab, von seinen ersten Eindrücken vom Geist und der Politik der Organisation und von den Gewohnheiten, die er persönlich entwickelt. Je schicker er das Outfit findet, desto stolzer wird er darauf sein, dazuzugehören. Je mehr Aufmerksamkeit er auf die genaue Ausführung kleiner Details richten muss, desto eher gewöhnt er sich an, die Dinge genau richtig zu machen, und desto eher wird er ein hilfreiches Mitglied des Teams. Sie können neuen Männern viel leichter neue Tricks beibringen als alten, deren wohlgeformte Gewohnheiten Sie brechen müssen, bevor Sie die neuen einpflanzen können. Neue Männer sind eine wertvolle Bereicherung für einen lebenden Anführer, denn er kann ihnen näher kommen und sie zu den Männern machen, die er haben möchte.

Nehmen Sie sich Zeit, Männern zuzuhören . — Der Anführer muss Zeit haben, seinen Männern zuzuhören. Er darf nicht zu sehr damit beschäftigt sein, sich mit dieser Angelegenheit zu befassen, oder mit etwas, das irgendjemand von ihnen ihm ordnungsgemäß zur Prüfung vorlegen könnte. Es ist leicht, wichtig zu wirken und zu sagen: „Ich habe keine Zeit", aber jedes Mal, wenn der Anführer das tut, schlägt er einen weiteren Nagel in den Sarg des Teamgeists, dessen Leben er wirklich schätzen sollte. Es besteht die Möglichkeit, dass er das Interview ablehnt, weil er befürchtet, die Antwort nicht zu kennen. Aber es ist weitaus besser, diese Chance zu nutzen, dem Mann das Gefühl zu geben, dass es richtig war, zu Ihnen zu kommen, und sich seinen Vorschlag anzuhören, auch wenn Sie am Ende zugeben müssen, dass Sie es nicht wissen. Sie müssen „Zeit haben", wenn Sie die loyale Zusammenarbeit Ihrer Untergebenen wünschen. Ich kenne einen Beamten, der die Leitung einer verwickelten Organisation in Paris übernommen und wieder in Ordnung gebracht hat, und das erste, was er tat, war, vor die Tür seines Büros zu treten: „Ich habe Zeit, Ihnen zuzuhören." Es ist viel schwieriger, Ihre Untergebenen dazu zu bringen, Ihnen die offenen, zeitnahen Äußerungen zu geben, die Sie brauchen, als sich nicht durch zu viele davon belästigen zu lassen.

Der am meisten beschäftigte Führer kann und sollte seine Angelegenheiten und seine Politik so gestalten, dass jeder Untergebene weiß, dass er den Chef persönlich sehen kann, wenn es die Gelegenheit erfordert. Trotz aller Sorgen um den Bau des Panamakanals reservierte General Goethals jede Woche einen Morgen für seine Männer; und unter all den Tausenden von Angestellten hatte jeder Jamaikaner und Hottentotte während der Woche den Trost, den großen Chef am Sonntag persönlich sehen zu können. Sein Gangsterboss wusste auch, dass der Hottentotte den General aufsuchen konnte, was sich positiv auf seine Methoden auswirkte – so gingen am Ende doch nicht so viele hin. Lassen Sie alle wissen, dass jeder, der Probleme hat, diese direkt an Sie weiterleiten soll. Die Probleme werden dann schnell nachlassen und Ihre Zeit wird durch zusätzliche Effizienz gut zurückgezahlt.

Mit Männern reden . — Bei Gesprächen mit seinen Untergebenen gibt es für den Leiter viel zu bedenken. Möglicherweise redet er nicht genug oder er redet zu viel. Er muss allen den Zweck, die Organisation und die Politik jedes neuen Unternehmens erklären. Dadurch erzielt er bessere Ergebnisse und erspart sich später viel Reden. Andererseits würde ihn der Ruf , ständig zu schwadronieren, wie man auf der Straße sagt, und vor allem als Prediger, praktisch ruinieren. Ein Führer sollte die Regel beachten, nicht zu reden, es sei denn, er hat etwas zu sagen, das es wert ist, gesagt zu werden, und dass *nichts es wert ist, gesagt zu werden, es sei denn, es ist es wert, dass man ihm zuhört* . Die Angewohnheit zu reden, ohne die Aufmerksamkeit derjenigen zu fordern, die angeblich interessiert sind, ist ein schlechtes Geschäft und führt später zu Ärger und Missverständnissen. Doch viele Führungskräfte machen sich dessen schuldig und erwarten, dass sie ihre Anweisungen immer wieder wiederholen, bevor sie verstanden werden. Das ist teils ihre Schuld, teils die der Zuhörer – aber für beides sind die Leiter verantwortlich. Zunächst muss der Leiter direkt auf den Punkt kommen. Wenn er diese Fähigkeit nicht besitzt, muss er sie selbst trainieren , was er täglich zu seinem Vorteil tun kann , sowohl im Inland als auch im Ausland. Lassen Sie ihn zuerst darüber nachdenken, was er zu sagen hat, und sogar genau, wie er es sagen wird – dann sagen Sie es *und hören Sie auf* . Er wird nicht so viel reden, aber es wird weiter gehen. Es gibt viele Männer, die es so ungewohnt haben, Dinge zu sagen, die wirklich wichtig sind, dass sie verlegen und verwirrt werden, wenn sie Gegenstand der Aufmerksamkeit werden. Doch dem muss der Anführer gerecht werden, denn die Aufmerksamkeit der Männer auf sich zu ziehen ist der zweite und ebenso wichtige Teil seiner Verantwortung für erfolgreiches Reden.

Fordern Sie die Aufmerksamkeit aller. — Wenn Sie einem oder mehreren Menschen etwas zu sagen haben, achten Sie zunächst auf volle Aufmerksamkeit und bestehen Sie darauf, dass Sie es hören, während Sie reden. Wir sehen so oft die unmögliche Situation, dass ein Anführer Bemerkungen macht, die er für wichtig hält, und die Männer seiner Gruppe sich ganz offensichtlich auf andere Dinge konzentrieren und sich sogar auf

Nebengespräche einlassen. Wenn Sie mit mehreren Männern sprechen müssen, nennen Sie sie alle um Sie herum, vor Ihnen, wo Sie alle ihre Gesichter sehen können, und so nah wie möglich an Ihnen, damit Sie möglichst in einem Gesprächston sprechen können. Du musst dieser ständigen Aufmerksamkeit schenken, denn der Teufel fordert einige Männer dazu auf, sich immer hinter dich zu schleichen, während andere immer die am weitesten entfernten Plätze einnehmen und auf die biblische Einladung warten, nach vorne zu treten. Da Sie die Männer nun vor sich haben, können Sie nun sicherstellen, dass Ihre Argumente überzeugen. Wenn es zu einer Unterbrechung kommt, hören Sie sofort auf zu reden, bis alle wieder aufmerksam sein können. Wenn Ihre Bemerkungen für alle gedacht sind, sollte jeder sie hören, und *Sie* sind dafür verantwortlich, dass sie es tun. Machen Sie das zu einer Regel, halten Sie sich daran, und Sie sollten keine Probleme haben.

Mit Einzelpersonen sprechen. — Wenn Sie mit einer Person sprechen, versuchen Sie, so klar und deutlich zu sein, dass Sie sie nicht wiederholen müssen, und machen Sie deutlich, dass Sie von ihr eine solche Aufmerksamkeit erwarten, dass eine Wiederholung nicht nötig ist. Natürlich hat man es manchmal mit einem Geist zu tun, der so unkonzentriert ist, dass er die Dinge nicht aufnehmen und behalten kann, und man muss geduldig sein, sich verständlich zu machen. Der gemeinste Geistestyp ist derjenige, der während des Redens ständig darüber nachdenkt, was er sagen wird, wenn sich die Gelegenheit dazu bietet, und Ihren Bemerkungen gerade so viel Aufmerksamkeit schenkt, dass Sie sie bemerken, wenn eine Pause kommt, damit er mit dem Reden beginnen kann. Diese Art von Mann ist in jedem Lebensbereich ein Fluch und sollte im Geschäftsleben nicht toleriert werden. Die Kunst des Zuhörens ist wertvoll. Jeder sollte es sich zur Gewohnheit machen, konzentriert auf das Gesagte zu achten, wenn es ihm etwas bedeutet. Es ist besonders wertvoll, Anweisungen zu erhalten, und die Beförderung erfolgt eher an jemanden, von dem sein Vorgesetzter berichten kann: „Er schenkt seine volle Aufmerksamkeit, wenn man ihm etwas sagt, und man muss es nie wiederholen.“

Beispiel besser als reden. – Um nicht zu viel zu reden, sollte man bedenken, dass der amerikanische Geist nicht durch napoleonische Ansprachen vor dem Kampf geweckt wird. Wenn der Leiter Eifer und Enthusiasmus bei der Erledigung einer Arbeit anstrebt, weckt er diese eher durch Beispiele als durch Worte. Hier sagen Taten mehr als Worte. Sie können Ihre Männer nicht „auf Trab halten“, indem Sie ihnen sagen, dass Sie sie dort haben wollen. Sie müssen den „Folge mir“-Geist in die Arbeit einbringen und so viel fröhliche Energie und Vitalität hineinstecken, dass Ihr Geist ansteckend ist. Durch gezielte Anweisungen, freundliche Vorschläge, möglicherweise ein wenig Konkurrenz und vor allem durch gutes Beispiel bringen Sie Ihre

Männer unbewusst auf Trab und halten sie dort, bis die Aufgabe erledigt ist. Dann können Sie alle darüber sprechen, wie gut es war, und die Anerkennung teilen.

Richtige Gesprächsthemen . — Andererseits gibt es Dinge, über die man reden muss. Ihre Untergebenen müssen Ihre Methoden und Richtlinien verstehen, denn Sie möchten, dass sie bei der Umsetzung mithelfen. Denken Sie daran, dass Sie zwar mit intelligenten Männern zu tun haben, diese aber dennoch keine Zauberer sind, um Ihre Gedanken erraten zu können. Gehen Sie also nicht distanziert und überlegen vor und hüllen Sie sich und die Arbeit nicht in eine geheimnisvolle Atmosphäre. Erklären Sie in offenen, persönlichen Gesprächen von Mann zu Mann, worauf Sie hinauswollen und wie Sie es erreichen wollen. Sie wünschen sich eine Atmosphäre des gegenseitigen Verständnisses und des Vertrauens. Sie bekommen es jedoch nicht dadurch, dass Sie sagen, dass Sie es haben, sondern indem Sie es durch die Art und Weise zeigen, wie Sie die Männer behandeln.

Ein weiteres Thema, das Sie erklären müssen, ist der Geist der Disziplin, ihre Ziele und ihre Notwendigkeit. Viele Männer haben nie darüber nachgedacht, nie die Notwendigkeit des Gehorsams und die Vorteile des fröhlichen Gehorsams erkannt, noch nie von Teamarbeit gehört oder an Loyalität gegenüber Kameraden gedacht. Bei Bedarf können Sie diese Dinge so erklären, dass sie interessant sind und einen sehr realen Einfluss auf das Verhalten der Männer haben. Auf diese Weise können Sie viel dazu beitragen, den gewünschten Gruppengeist aufzubauen. In einem bestimmten Fall von Regelverstößen oder Pflichtverletzungen ist es oft möglich, allen Ihren Männern zu erklären, wie dieses Vergehen die Disziplin und den Ruf der Gruppe schädigt, und so bessere Ergebnisse zu erzielen, als wenn Sie eine Bestrafung verhängen würden.

Sie sollten auch von Zeit zu Zeit die Gelegenheit nutzen, die Angelegenheiten der größeren Organisation zu erklären, den Männern zu sagen, was sie zu tun versucht und wie sie damit vorankommt. Erzählen Sie ihnen alles, um ihr Wissen über den gesamten Plan und ihr Interesse an seinem Erfolg zu steigern, denn beides trägt zur Loyalität und Moral bei. Sie möchten, dass die Männer die Anregung erhalten, die aus einem lebendigen Interesse am Gesamtergebnis resultiert. Halten Sie also „die Karten auf dem Tisch" und beteiligen Sie die Männer an der Entwicklung der Arbeit. Wir Amerikaner sind alle „aus Missouri" und das muss gezeigt werden. Aber wenn wir erst einmal verstanden haben, was wir wollen, springen wir beherzt ein und legen es hin.

Vorträge des Big Chief. - Der Leiter einer Organisation wird weitaus bessere Ergebnisse erzielen, wenn er Gelegenheiten findet, alle ihm unterstellten Führungskräfte in einem Gremium zu versammeln und mit ihnen über seine

Politik, seine Pläne und den allgemeinen Stand der Dinge zu sprechen. Der Tag ist vorbei, an dem die Quelle der Autorität in ehrfurchtgebietende Majestät gekleidet sein sollte, von der aus Befehle für unterwürfigen Gehorsam ergehen sollten. Der Häuptling, der eine enge Beziehung zu seinen untergeordneten Führern leugnet, der sie nicht ins Vertrauen zieht und ihnen seine Pläne und die Art und Weise, wie er sie auszuführen gedenkt, nicht mitteilt, erweckt heute den Verdacht, dass er sich seiner selbst nicht sicher ist Job oder dass seine Pläne und Absichten nicht das Licht ertragen. Der große Mann scheut keine genaue Prüfung und sucht Kooperation und Vorschläge. Der erfolgreiche Unternehmenschef von heute macht sich zum Kapitän eines Teams, dessen Mitglieder intelligent für den Erfolg des Teams zusammenarbeiten. Zu diesem Zweck bringt er sie in einem Körper zusammen , in dem sie Schulter an Schulter ihre Kameradschaft für eine gemeinsame Sache spüren; Sie alle lassen sich von der persönlichen Führung ihres Kapitäns inspirieren und sind von seiner persönlichen Präsentation seiner Hoffnungen und Pläne begeistert. Auf diese Weise sind alle von einem gemeinsamen Ziel erfüllt und kehren besser gerüstet und entschlossener zu ihren Aufgaben zurück, um ihren Teil zum besten Vorteil der größeren Organisation beizutragen. So nahmen sich die erfolgreichsten amerikanischen Kommandeure, wie General Summerall , Zeit und Mühe, um vor einer Schlacht den versammelten Gruppen ihrer Kommandos persönlich den allgemeinen Plan der bevorstehenden Aktion und die genaue Rolle zu erklären, die diese bestimmte Gruppe spielen sollte. Es gab keinen Versuch, rhetorisch an Leidenschaft oder Patriotismus zu appellieren, sondern lediglich die Anerkennung der Fähigkeit und Bereitschaft des Amerikaners, seinen vollen Beitrag zu leisten, wenn er nur weiß, was es ist. Es hat nie versagt und wird auch in zivilen Angelegenheiten funktionieren.

Gegenseitige Bekanntschaft unter Untergebenen. — Ein weiterer wichtiger Punkt ist, diese Untergebenen so zusammenzubringen, dass sie sich persönlich kennenlernen. Sie sind wirklich Partner im selben Unternehmen, und die Kenntnis der persönlichen Probleme des anderen ist für ihre erfolgreiche Teamarbeit unabdingbar. Persönliche Bekanntschaft und noch besser Freundschaft werden ihre Effizienz enorm steigern. Die verschiedenen Abteilungen einer Organisation sind mehr oder weniger voneinander abhängig, und Smith wird sich schneller und besser um die Bedürfnisse von Jones kümmern, wenn er ihn kennt und vor allem, wenn er ihn für einen guten Kerl hält. Daher ist das Deckungsfeuer der Artillerie im Kampf weitaus wirksamer, wenn ihr Kommandant weiß, dass sein Freund Bill da draußen die Infanterie befehligt. Deshalb ist die Armeeführung bestrebt, diese beiden Kommandeure vor der Schlacht in eine persönliche Beziehung zu bringen. Im Geschäftsleben sollte der Vorgesetzte daher Gelegenheiten schaffen, seine Untergebenen in freundschaftlichen persönlichen Beziehungen zusammenzubringen. Sie werden erfreut sein, dass sie alle so ziemlich die gleiche Sprache sprechen, auch wenn manche das vorher vielleicht nicht gedacht haben. Diese engere Verbindung beseitigt die Affektiertheit einiger und die extreme Demut anderer und entlarvt sie alle als das, was sie wirklich sind: Mitmitglieder derselben Absicht; Sie streben gleichermaßen aufrichtig nach ihrem Erfolg und lassen sich gleichermaßen allein nach ihrer Leistung beurteilen. Dies wurde in vielen Industrieunternehmen erfolgreich ausprobiert und war für die eingebildeten Skeptiker eine freudige Überraschung. Es ist sicher von Vorteil, wenn das Management mit aufrichtiger Absicht vorgeht.

Überwachung der Arbeitnehmer. — Es ist klar, dass die Aufgabe des Leiters darin besteht, zu überwachen und zu leiten. Seine Aufgabe ist es, dafür zu sorgen, dass jedes Mitglied des Teams seinen Beitrag zum größtmöglichen Nutzen für das Gesamtergebnis leistet, und die individuellen Fähigkeiten seiner Männer zu kennen, damit er für jede Aufgabe den richtigen Mann einsetzen kann. Dies erfordert, wie auch alle anderen Führungsaufgaben, dass er die individuellen Leistungen seiner Männer ständig beobachtet, ihre Bemühungen lobt, korrigiert und koordiniert . Dies verbietet ihm, tatsächlich selbst an der Arbeit teilzunehmen, nicht weil dies unter seiner Würde wäre, sondern weil die Beteiligung an der eigentlichen Arbeit seine Aufmerksamkeit von den Aufsichtspflichten ablenken würde und viele Dinge ohne ihn geschehen würden sein Wissen. Wenn der Chef unbedingt die Hacke oder die Schaufel benutzen möchte, gibt es immer einen Mann, der bereit ist, ihm die Werkzeuge zu leihen und seine Bemühungen mit gespieltem Interesse zu beobachten. Ich erinnere mich an den Fall eines Beamten, der mit dem Bau eines Stücks Regierungsstraße in den Bergen Kaliforniens beauftragt wurde. Niemand hätte treuer sein können, er gab ein wunderbares Beispiel an Energie, investierte aber alles in die persönliche Arbeit am Straßenpflug. In der Zwischenzeit war der Bauunternehmer damit beschäftigt, blinde Durchlässe einzubauen und seine Arbeit ansonsten so zu vernachlässigen, dass der größte Teil der Straße in diesem Winter den Berg hinabrutschte.

Es gibt immer einige Teammitglieder, die bei ihrer Arbeit aufgehalten werden müssen. Wenn der Vorgesetzte es ihnen erlauben würde, „ungeschoren davonzukommen", indem sie sich vor ihrem Teil der Aufgabe drücken, würde das natürlich bei den anderen Ärger hervorrufen. Der Leiter ist für den Geist der Teamarbeit verantwortlich, der erfordert, dass jeder sicher sein kann, dass alle anderen gleichermaßen treu sind und jeder seinen Teil tut, und er muss daher dafür sorgen, dass sie es auch tun. Natürlich kann es zu Situationen kommen, wenn die Aufgabe ungewohnt oder besonders schwierig ist, wenn der Anführer für eine Minute einspringt, um den Männern zu zeigen, wie es geht, oder um das Tempo vorzugeben – aber er sollte sich niemals in die Rolle eines tatsächlichen Ausführenden der Arbeit hineinversetzen .

Männer für Aufgaben auswählen. — Die Pflichten eines Anführers erfordern ständig, dass er einen Mann auswählt, der diese oder jene Aufgabe übernimmt. Für seine Männer ist dies immer ein Test sowohl seiner Fähigkeiten als auch seiner Fairness – und er möchte beweisen, dass er beides hat. Er tut dies, indem er den richtigen Mann für den Job auswählt – den richtigen Mann nicht nur, weil er am besten qualifiziert ist, sondern weil alles in allem das Beste für das Team ist, in dem er ausgewählt wird. Dies erfordert, dass der Leiter ihre Fähigkeiten und ihren Geist kennt und dass er den allgemeinen Überblick über ihr Verhalten und ihre Arbeit behält. Jede Gruppe hat im Allgemeinen bestimmte fröhliche, willige Seelen, die geradezu dazu aufzufordern scheinen, sich dieser Aufgabe zu stellen. Der Anführer, der nicht sicher ist, ob seine Befehle befolgt werden, wird immer einen dieser Männer auswählen, um die Möglichkeit eines Ungehorsams zu vermeiden. Der unflexible Anführer wird einen auswählen, weil es der einfachste Weg ist. Beides wäre falsch. Sie würden somit an der Fairness scheitern, und indem sie den Willigeren zusätzliche Arbeit auferlegen, legen sie Wert auf Gemeinheit und schaden so der Gruppendisziplin. Sie täten besser daran, die Faulen oder Mürrischen für die zusätzliche Arbeit auszuwählen und so den Schwerpunkt auf Fröhlichkeit zu legen und zu zeigen, dass sie einen Sinn für Gerechtigkeit und die Fähigkeit haben, das Team zu leiten.

Fröhlichkeit, eine Verantwortung. – Es ist klar, dass Menschen in einer düsteren Atmosphäre keine gute Arbeit leisten können. Tatsächlich weigern sich die Menschen im glücklichen Burma, dem „Land Mandalay", überhaupt zu arbeiten, es sei denn, die Dinge sind fröhlich ; Und der beste Arbeiterboss ist der, der die meisten Witze machen und seine Männer zum Lachen bringen kann. Das gilt sogar für den Umgang mit stoischen Angelsachsen – „wütende Sachsen", wie einer unserer farbigen Soldaten es nannte. Elastische Muskeln, wacher Geist, überlegene Energie und Ausdauer entstehen durch fröhliche Geister und glückliche Herzen. Es ist eine bedauerliche Gruppe, die nicht mindestens eine unbezwingbare Seele (im Allgemeinen Iren) enthält, die die Menge scherzt und aufmuntert, auch in schwierigen Zeiten und zu weitaus größeren Erfolgen. Sie wissen, warum der Bootsmann die Matrosen beim Schleppen der schweren Schot immer mit einem schwungvollen Gesang oder mit Jubelrufen anführt. Er gibt ihnen diesen Geist für die größeren Anstrengungen, die sie unternehmen werden. Eine Gruppe marschierender Soldaten wird singend und fröhlich ins Lager scherzen, während andere grimmige und schweigsame Soldaten sich vor Müdigkeit kaum hineinschleppen. Doch so wahr das alles auch ist, gibt es Führer, die es durch eine so mürrische, rücksichtslose und dominante Kontrolle opfern, dass ihre Männer wund und schwermütig, entmutigt von sich selbst und der Arbeit und gleichgültig gegenüber den Ergebnissen bleiben. Diese Führungskräfte schaffen eine Atmosphäre undurchdringlicher Düsternis und erwarten dann das Unmögliche, indem sie gute Arbeit fordern. Fröhlichkeit und Hoffnung müssen immer vom Anführer ausgehen – keine mögliche Not oder ein Hindernis darf es rechtfertigen, dass er diese hilfreichen Eigenschaften nicht ausstrahlt. Sie zeichnen sich durch einen Charakter aus, der zu stark und einfallsreich ist, um von jedem Hindernis überwunden zu werden, der zu überzeugt von der Exzellenz seiner Männer und ihrer Fähigkeit ist, sie zu überwinden, als dass er ihm nur mit Freude begegnen könnte. Sie werden Gelegenheiten finden, bei denen es Ihren eigenen Mut, Ihre körperliche Fitness und Ihre Vitalität auf die Probe stellt; denn Sie müssen von Ihrem Geist geben, um den Männern Mut zu verleihen, und sie durch die bloße Kraft Ihrer fröhlichen Beherrschung der Widrigkeiten zu einem glücklichen Ende *führen* .

Knurren erlaubt. – Was das Knurren und „gegen die Regierung treten " angeht , hängt alles davon ab, wer es tut und wie er es tut. Ein gewisses Maß an Austoben scheint der Seele des Menschen gutzutun – und sollte Ihren Männern bisher nicht vorenthalten werden. Sie können es ignorieren, es auf die leichte Schulter nehmen und manchmal sogar gut darüber lachen und so die Atmosphäre klären. Es ist zweifelhaft, ob Sie sich vor den Augen der Männer jemals darauf einlassen werden. Und wenn es nach echter Illoyalität riecht , dann tolerieren Sie es vielleicht nicht, denn es wird ihre Moral untergraben und den entschlossenen Geist verletzen, Dinge um jeden Preis aufzugeben. Sie müssen Ihre Männer kennen, damit Sie ihre Äußerungen mit gesundem Menschenverstand nicht allzu ernst nehmen und dennoch so etwas wie echte Illoyalität verhindern können. Als Mitglieder einer Gruppe verlieren Männer einen Großteil ihrer individuellen Verantwortung und werden mehr oder weniger wie Kinder. Sie berücksichtigen dies bei der Beurteilung ihrer wahren Gefühle, während sie miteinander reden.

Ich erinnere mich an den Fall eines französischen Leutnants, dessen Zug, der gerade einen schweren Kampf hinter sich hatte, den Befehl erhielt, in fünfzehn Minuten wieder dorthin zurückzukehren. Er saß selbstgefällig da und rauchte, während seine ruhenden Männer hörbar darüber knurrten und sich gegenseitig die schrecklichen Dinge erzählten, die passieren würden, bevor sie wieder hineingehen würden. Er kannte seine Männer und ließ sie laut knurren, und als die Zeit abgelaufen war, zögerte keiner von ihnen, seinem Befehl zu gehorchen, einzugreifen und sich wieder in den Kampf zu stürzen. An seiner Stelle hätte ein hitzköpfiger Jugendlicher leicht eine Meuterei beginnen können. Und ebenso wahr: Ein paar bösartige, illoyale Geister unter diesen Männern hätten dafür gesorgt, dass der Leutnant ihnen erlaubt hätte, zu knurren und zu drohen. Solche Situationen erfordern einen kühlen Kopf und die Kenntnis des wahren Geistes der Männer – und sind interessante Tests für die eigenen Führungsqualitäten.

Loyalität durch Vorbild. — Eines der grundlegenden Dinge, die der Anführer bei seinen Männern entwickeln muss, ist Loyalität – und zwar nicht nur Loyalität gegenüber ihm und dem Team, sondern auch gegenüber der größeren Organisation. Zu diesem Zweck kann er viel durch die Kraft seines eigenen Beispiels tun, indem er die Anweisungen einer höheren Autorität fröhlich ausführt. Wenn man Ihnen sagt, dass Sie etwas Unangenehmes tun sollen, versuchen Sie nicht, billige Popularität zu erlangen, indem Sie den Männern sagen: „Der und der hat das angeordnet, und wir müssen es tun." Übernehmen Sie die volle Verantwortung Ihres untergeordneten Amtes und führen Sie Ihre Männer loyal und bedingungslos durch die Arbeit. Ihr Team ist ein Mitglied des größeren Teams und sollte seine Rolle darin genauso loyal und engagiert spielen, wie Sie möchten, dass die einzelnen Personen ihre Rolle in Ihrem Team spielen. Sie sollten versuchen, ihren Stolz darauf, dass ihr Team seinen Beitrag gut leistet, ihr Interesse am Erfolg des größeren Teams und ihren Glauben an die Fähigkeiten ihres Anführers zu wecken.

Wann man Anweisungen hinterfragen sollte. – Jede Infragestellung Ihrer Männer über die Weisheit von Anweisungen höherer Autorität, jedes Murren Ihrerseits über deren Ungerechtigkeit würde diesem guten Geist der Loyalität und Zusammenarbeit im größeren Team schaden. Es würde Sie Ihrer verantwortungsvollen Position in der Organisation als unwürdig erweisen und somit den Respekt der Männer vor Ihnen beeinträchtigen. Wenn Sie eine ehrliche Frage zur Fairness oder Weisheit der Anweisungen haben, wenden Sie sich zunächst an eine höhere Autorität und streiten Sie selbst im Interesse Ihrer Männer, ohne die Loyalität in Frage zu stellen. Das ist Teil Ihrer Aufgabe, sowohl als Hüter des Wohlergehens Ihrer Männer als auch als treues Mitglied der größeren Organisation. Es ist eine heikle Angelegenheit, bei der es um Ihr eigenes Unterordnungsgefühl und Ihr Urteil darüber geht, was wirklich das Beste ist. Dies kann niemals im Geiste der Prahlerei oder des Getöses geschehen, sondern nur im Stillen im Geiste der Loyalität, wahrer Unterordnung und des Wunsches nach dem besten Interesse des Ganzen. Anlässe für eine solche Aktion sind erfreulicherweise sehr selten – wenn Ihr größeres Unternehmen in einigermaßen guten Händen ist.

Empfangsanweisungen. — Wenn Sie Anweisungen von einer höheren Autorität erhalten, stellen Sie sicher, dass Sie deren wahre Bedeutung verstehen, bevor Sie beginnen zu handeln. Der Untergebene, der schnell und fröhlich „Ja, Sir" sagt und sich an die Aufgabe macht, hinterlässt ein angenehmes Gefühl, bis wir feststellen, dass er die Arbeit vermasselt hat, weil er nicht halb verstanden hat, was wir wollten. Nehmen Sie sich Zeit, um zu verstehen, aber machen Sie sich keine Gedanken über kleine Details und machen Sie sich keine Sorgen über die Art und Weise, wie die Anweisungen ausgedrückt werden.

Von Ihnen wird erwartet, dass Sie bei der Ausführung dieser Anweisungen Ihr eigenes Gespür und Ihren Einfallsreichtum einsetzen. Stellen Sie daher sicher, dass Sie deren Sinn und Zweck erfasst haben, und gehen Sie dann mit einer Begeisterung und Loyalität an die Ausführung, die den Männern denselben Geist vermitteln wird.

So fördern Sie Vorschläge. – Wir haben darüber gesprochen, wie wertvoll es ist, Untergebene zu ermutigen, Verbesserungsvorschläge usw. zu machen, und darüber, wie sie zur allgemeinen Effizienz beitragen können und wie sie sicherlich die Freude des Mannes an seiner Arbeit und damit seine persönliche Effizienz steigern, indem sie ihm Spielraum geben konstruktive Instinkte und sein natürliches Verlangen nach Selbstdarstellung. Es geht nun darum, wie diese Vorschläge gefördert werden sollen. Sicherlich nicht mit oberflächlichen Methoden. Beispielsweise versuchte eine Organisation, die die Vorstellung vom Wert der Vorschläge der Männer akzeptiert hatte, diese einfach spontan zu erkaufen, indem sie einen zweiwöchentlichen Preiswettbewerb zur Einreichung von Vorschlägen ins Leben rief. Sie hatten sich vorgestellt, dass ihnen ein Angestellter für einen Preis von fünf Dollar sagen würde, wie man zwei Grashalme anstelle eines wachsen lässt. Diese Methode verfehlte jegliches Verständnis der grundlegenden Prinzipien und endete natürlich in einer Farce.

Diese von uns gewünschten Vorschläge entspringen ganz natürlich dem Interesse und der Partnerschaft, die Sie bei den Männern in der Organisation geweckt haben; von den Verbesserungsideen, die sie dann weiterentwickeln, während sie ihre Arbeit fortsetzen, indem sie überlegen, wie sie besser gemacht werden könnten oder wie das Team bessere Ergebnisse erzielen könnte. Die einzige Ermutigung, die sie brauchen, ist zunächst diese Atmosphäre der Partnerschaft; und zweitens, ein Chef, der klug genug ist, seine Vorschläge fair zu berücksichtigen. Der Leiter, der nicht die Zeit oder Geduld hat, auf Vorschläge zu hören, kann nie die besten Bemühungen der Männer erreichen und fügt dem Unternehmen echten Schaden zu.

Jeder Mann sollte sicher sein, dass sein Vorschlag angemessen berücksichtigt wird und dass ihm, wenn seine Idee einen echten Wert hat, bis zum großen Chef die volle Anerkennung zuteil wird. Und der Weg, dies zu erreichen, besteht darin, den Mann persönlich zu einer höheren Autorität zu bringen und ihn seine Idee persönlich erklären zu lassen. Dies macht ihm und seinen Kollegen deutlich, wie wichtig er als Mitglied des Teams ist. Wenn in einem Großunternehmen der Mann tatsächlich vor den Vorstand gerufen würde, um die Details einer von ihm erdachten Verbesserung zu erläutern, könnte nichts mehr dazu beitragen, ein Gefühl der Partnerschaft im Unternehmen zu schaffen. Indem Sie ihren Wert schätzen, können Sie jede Gelegenheit so gut nutzen, wie Sie wollen, und so das Interesse der Männer an der Arbeit und ihren Sinn für Zusammenarbeit steigern.

Vorteil von Ambition. — Der Ehrgeiz nach Fortschritt ist ein weiterer menschlicher Instinkt, den der Führer sowohl im Zusammenhang mit seiner eigenen Karriere als auch im Umgang mit seinen Untergebenen berücksichtigen sollte. Jeder sollte das Gefühl haben, dass er so weit vorankommen kann, wie es seine tatsächlichen Fähigkeiten erfordern – und das kann er ganz sicher, denn gute Führungskräfte sind immer noch selten und wünschenswert, und das wahrste Sprichwort des Lebens ist, dass an der Spitze viel Platz ist. Aber die Untergebenen müssen erkennen, dass egoistischer Ehrgeiz nicht gewinnen kann und dass man die Empfehlung seines Vorgesetzten für eine Beförderung nur gewinnen kann, wenn man für die Mannschaft spielt und sich für das Wohl der gesamten Mannschaft einsetzt. Der uneigennützige Ehrgeiz eines Einzelnen verbessert somit sowohl seine Aufstiegschancen als auch die Arbeit der Mannschaft. Industrieller Fortschritt und individuelle Förderung entspringen beide dem individuellen Bemühen, die Produktion zu steigern oder den Energieaufwand zu senken. In der gesamten Branche gilt im Allgemeinen, dass „der große Strom an Intelligenz, Erfindungsreichtum und Anpassung von unten nach oben und nicht von oben nach unten fließt und dass die Spitzenkräfte ständig von unten rekrutiert werden", da Arbeitgeber täglich ihre Absolventen absolvieren Arbeiter. Letzteres ist eine so häufige Tatsache, dass sie häufig übersehen wird. Es ist eine so heilsame Tatsache, so charakteristisch für unsere demokratischen Institutionen und ein so hilfreicher Gedanke in Zeiten der Unruhe und Entmutigung, dass sie betont und häufig ins Gedächtnis gerufen werden sollte.

Lehnen Sie niemals eine verdiente Beförderung ab. — Eine verdiente Beförderung sollte einem Mann niemals verweigert werden, wenn sich seine Gelegenheit bietet, nur weil sein Vorgesetzter das Gefühl hat, dass er die Dienste dieses Mannes nicht entbehren kann. So ungerecht das auch ist, es geschieht oft und immer auf Kosten des Gruppengeistes. In Wirklichkeit gibt es nur sehr wenige Männer im Leben, die so wichtig für ihre Position sind, dass sie nicht ersetzt werden können – und oft zu überraschenden Vorteilen. Ganz gleich, welche Mühen nötig sind, um den Nachfolger des Mannes auszubilden, es ist weitaus besser, ihn gehen zu lassen, als ihn zu behalten und so die Moral aller zu schwächen, indem man zeigt, dass Ihr Egoismus oder Ihre Faulheit einer verdienten Aufgabe im Wege stehen Förderung. Diese Situation wird oft durch die hervorragende Regel vermieden, dass jeder Mann in der Organisation immer mindestens einen anderen haben muss, der für die Nachfolge qualifiziert ist.

So gewinnen Sie eine Promotion. – Es ist hier nicht praktikabel, detailliert auf die Möglichkeiten einzugehen, wie man Fortschritte erzielt – Zeitschriftenartikel geben immer erfreuliche Vorschläge auf diesem Gebiet –, aber dies sind allgemeine Hinweise: Ein Mann gewinnt nicht, indem er mit seinen

Fähigkeiten prahlt oder durch irgendetwas, das danach riecht "Frische." Der Weg, die Aufmerksamkeit des Vorgesetzten auf Ihre Verdienste zu lenken, besteht darin, die Verdienste hervorzuheben. Sie können sicher sein, dass das Management immer auf der Suche nach dem Mann ist, der etwas leisten kann, und dass ihm bald hervorragende Ergebnisse ins Auge fallen werden. Gehen Sie also jede Aufgabe fröhlich an und machen Sie vor allem deutlich, dass Ihr einziges großes Interesse der Erfolg des Outfits ist. Eine Sache, die einem engagierten Mann so oft die Beförderung verwehrt, ist die Aussage seines Vorgesetzten: „Jones ist zwar begeistert, aber er denkt neun Mal für Jones und einmal für das Unternehmen." Das ist schade, da ihn die gleiche Menge an Arbeit und Fähigkeiten, die er selbstlos eingesetzt hätte, so leicht hätten voranbringen können.

Wert wahrer Verdienste. – Aber das Traurigste ist, zu sehen, wie ein Mann im Herzen wund wird und es aufgibt, weil er denkt, dass seine Verdienste nicht anerkannt werden. Wenn der Verdienst groß genug ist, wird er mit Sicherheit gewinnen. Jemand wird es herausfinden und Ihre hervorragenden Dienstleistungen kaufen. Ralph Parlette erklärt dies gut in seiner so menschlichen Broschüre „It's Up to You", in der er die menschliche Erfahrung anhand dessen veranschaulicht, was passiert, wenn man ein Glas mit einer Mischung aus Bohnen und Nüssen schüttelt: Die kleinen Bohnen klappern herunter, die kleinsten bis zu den kleinsten ganz nach unten, und die größeren Nüsse schütteln, die größten nach ganz oben. So finden wir unseren Platz und halten ihn im Lebenskampf nicht nach unseren Wünschen, sondern nach unserer tatsächlichen Größe. Freundlicher Einfluss mag die kleine Bohne in eine hohe Position bringen, aber die Erfahrungsschübe rütteln sie bald an den Platz zurück, an den sie passt, ohne zu rütteln; Widrigkeiten haben den großen Spinner vielleicht nach unten gedrängt, aber die gleichen Erschütterungen werden dafür sorgen, dass er wieder nach oben rutscht. Es ist nicht das Glück, das einen nach oben oder unten bringt, sondern die Größe – und die Antwort auf den Ehrgeiz ist, *größer zu werden* . In ihnen steckt so viel wahre menschliche Natur, dass ein paar Sätze zitiert werden: „Jeder will aufsteigen. Aber nicht jeder ist bereit, den Preis zu zahlen, indem er zuerst größer wird, um höher schütteln zu können. So viele wollen aufsteigen . " . Jeder tut eines von drei Dingen: seinen Platz halten, herunterrasseln oder aufrütteln. Welchen Platz auch immer wir betreten, wenn wir unseren Platz halten wollen, müssen wir unsere Größe behalten. Wir müssen den Platz ausfüllen, denn wenn wir schrumpfen Wenn wir kleiner sind als der Ort, rasseln wir. Niemand kann dort lange bleiben, wo er rasselt. Und Sie beobachten, dass wir, um unsere Größe zu halten, weiter genug wachsen müssen, um den Verlust durch Verdunstung auszugleichen. Die Verdunstung findet ständig statt lebt genauso gut wie in Flüssigkeiten. Eine Pflaume wird durch Verdunstung zu einer Pflaume. Ich wünschte, menschliche Pflaumen wären genauso wertvoll, wenn sie zu Pflaumen werden."

Freude am Erfolg. — Ähnlich wie die natürliche Freude des Menschen daran, Dinge gut zu machen, ist das Motiv für Leistung und die Freude, die er daran empfindet, wenn er sieht, wie eine Sache vollendet wird. Wir alle kennen Menschen, die mehr oder weniger von dieser Leidenschaft beherrscht werden, die sich, wie wir sagen, „die Zähne ausbeißen", wenn sie etwas tun, und sich für nichts anderes interessieren können, bis sie es getan haben. Einer der erfolgreichsten Geschäftsleute Amerikas antwortete kürzlich auf die Frage, was seiner Meinung nach das Beste im Leben sei: „Die Zufriedenheit, die sich aus der Leistung ergibt." Daran kann sich jeder Einzelne erfreuen, ganz gleich in welchem Lebensbereich er sich befindet, denn es bedeutet die Befriedigung, die man durch die Bewältigung der Aufgaben in seinem eigenen täglichen Leben und bei der Arbeit erhält. Die Hausfrau erhält sie durch die Betrachtung ihres glitzernden Konservenregals, der Bauer erhält sie durch ihre Ernte und der Schuljunge durch seine Arbeit und Freizeit – wenn er eine festgelegte Aufgabe erledigt oder zum ersten Mal über den Fluss schwimmt.

Der Leiter appelliert häufig an diesen Instinkt, um die Leistung zu steigern. Es erklärt den Vorteil, die Männer wissen zu lassen, was sie während ihrer Arbeit tun, und insbesondere, ihnen von Zeit zu Zeit mitzuteilen, was sie im Hinblick auf das Gesamtergebnis erreicht haben. Dies ist der Grund dafür, dass das Aushängen von Fortschrittsdiagrammen so viel dazu beiträgt, das Interesse an der Fabrik- und Werkstattarbeit zu wecken, und ein weiterer Grund dafür, den Arbeiter in die Kenntnis des allgemeinen Fortschritts der gesamten Organisation einzubeziehen.

Von jedem Menschen wird erwartet, dass er einen Grundzweck, ein Ziel im Leben hat – wie Bischof Brent sagt: „Vielleicht sollte sogar der Faulpelz den Zweck haben, so einfach wie möglich zu leben." Aber wir müssen nicht auf die Genugtuung warten, dieses ferne Ziel erreicht zu haben. Unterwegs empfinden wir mehr Befriedigung, wenn wir jeden einzelnen kleinen Schritt erfolgreich abschließen, der uns dem Ziel ein Stück näher bringt, und wir schätzen den Tag, an dem wir einen getan haben, als gut an. So kann der Leiter den Glauben stärken und die anhaltenden Bemühungen seiner Untergebenen sicherstellen, indem er ihnen von Zeit zu Zeit zeigt, wo sie erfolgreiche Fortschritte auf dem Weg zum gewünschten Ziel gemacht haben.

Gleichgültigkeit und Entmutigung sind die natürlichen Feinde dieses Leistungsinstinkts, die in unseren Geist eindringen und das Funktionieren dieses Instinkts verhindern können. Sie entstehen durch Scheitern oder scheinbares Scheitern, wenn lang andauernde Bemühungen keine Ergebnisse zeigen; und durch die ständige Wiederholung der gleichen Aufgabe, ohne Abwechslung oder die Anregung neuer Ideen, langweilig zu werden. Der Anführer muss diese Feinde bekämpfen, indem er andere Gedanken einführt, um sie zu ersetzen. Er muss die Entmutigten ermutigen und diejenigen interessieren, die sich langweilen. Oft weckt er das Interesse auch an eintöniger Arbeit, indem er die Perfektion ihrer Ausführung und die Menge ihrer täglichen Leistung kommentiert. Es ist möglich, die Monotonie langer Stunden an derselben mühsamen Maschine zu lindern, indem man zwei Männer die Aufgaben abwechseln lässt, wenn dies möglich ist, ohne den Besitzinstinkt zu verletzen, der einen Mann übel nimmt, wenn er noch einmal „seine Maschine" berührt. Hier liegt die Chance des Anführers für Einfallsreichtum – er weiß, was benötigt wird, und es liegt an ihm, es bereitzustellen. Mögliche Vorschläge sind das Erlernen anderer Berufe, um sich für eine Beförderung vorzubereiten, kurze Gelegenheiten, die Arbeit anderer zu beaufsichtigen und sich besser mit der allgemeinen Arbeit des gesamten Teams vertraut zu machen.

Gerechtigkeit und Fairness. — Gerechtigkeit und Fairness gelten im Allgemeinen als die ersten Grundvoraussetzungen für einen erfolgreichen Umgang mit Männern, und doch wie oft sehen wir Führungskräfte, die ihnen keine Beachtung schenken. Die menschliche Natur verlangt nach Fairplay und gibt nur in dieser Atmosphäre ihre beste Reaktion. Unabhängig von unseren religiösen Überzeugungen müssen wir anerkennen, dass unsere besten Fortschritte in der Zivilisation und im Gemeinschaftsleben auf der Lebensphilosophie basieren, die der Sohn des Zimmermanns von Nazareth gelehrt hat. eine Philosophie, die anerkennt, wie die natürlichen Impulse der Menschheit auf fairen Umgang und anständige Behandlung reagieren.

Das überaus erfolgreiche Unternehmen Endicott Johnson basiert auf der Grundannahme, dass neunzig Prozent der Menschheit gut sind und es gut machen werden, wenn Vertrauen in ihre guten Absichten gezeigt wird. Die Arbeitsregeln ihrer Organisation sind dementsprechend auf die große Mehrheit und nicht auf die Zehn-Prozent-Minderheit zugeschnitten. Und diese Politik funktioniert – auch wenn sie revolutionär ist. Die Regeln werden im Allgemeinen so gestaltet, dass sie den wenigen Schwächlingen gerecht werden, die nicht genug Mann haben, um im Team fair zu spielen – und die große Mehrheit musste aufgrund der Gemeinheit oder Unwissenheit dieser wenigen in ihrer Freiheit eingeschränkt werden. Dies war ein häufiger Fehler in der Armeeverwaltung. Ein unwissender Soldat verletzt ein Pferd, indem er es über eine harte Straße rennt, und ein gleichgültiger Kommandant verbietet sofort allen Soldaten, jemals im Galopp zu reiten. Ein Mann herrscht in der Stadt Unruhe und allen Männern ist der Besuch der Stadt verboten. Das mag ein einfacher Weg sein, Ärger zu vermeiden, aber es ist eindeutig willkürlich und ungerecht – und ein Zeichen dafür, dass man nicht für die Führung geeignet ist.

Derselbe Geist der Gleichgültigkeit gegenüber dem Wohlergehen der guten Männer, die sich bemühen, die Unentschlossenen zu kontrollieren, ist in jedem Unternehmen und in jedem Lebensbereich zu finden. Der Punkt ist, dass oft bessere Ergebnisse erzielt werden können, wenn man Vertrauen in gute Absichten zeigt, mehr Handlungsfreiheit gewährt und die gemeineren Geister durch Bildung, Eliminierung sowie den Geist und das Beispiel ihrer Kameraden kontrolliert. Der Anführer sollte bedenken, dass seine Führungsfähigkeit durch die Fähigkeit bewiesen wird, einen Geist zu wecken, der die Männer dazu bringt, hundertprozentige Ergebnisse zu liefern. Dies zeigt sich nicht in der Kontrolle durch willkürliche Methoden – jeder „Dub" kann Regeln aufstellen, die seine Männer praktisch in den Zustand der Leibeigenschaft versetzen.

Dies ist nur eine Phase der Fairness. Der Anführer wird mit allen möglichen Situationen konfrontiert sein, in denen er es zeigen muss. Es ist unmöglich, ihnen mit Regeln zuvorzukommen, aber Sie können ihnen erfolgreich begegnen, indem Sie dauerhaft den Entschluss fassen, nicht aus Leidenschaft oder Ungeduld zu handeln, sondern jeden Fall fair und mit Bedacht auf die Auswirkungen auf alle zu beurteilen. Dabei werden Sie zu den besten Lösungen gelangen, indem Sie die Goldene Regel „Anderen etwas Gutes tun" vollständig berücksichtigen; und indem Sie sich daran erinnern, dass Ihre endgültigen Entscheidungen die Entwicklung des Charakters des Einzelnen und die Disziplin der Gruppe zum Ziel haben müssen.

Überschüssiger Geist. – Hin und wieder gibt es Männer, deren körperliche und geistige Männlichkeit so groß ist, dass sie nicht in der Lage sind, genug davon für die alltäglichen Angelegenheiten aufzuwenden – und der Überschuss bringt sie oft in Schwierigkeiten. Ein guter Anführer versucht, ihnen durch genügend harte Arbeit und Spiel entgegenzukommen, um ihnen ein angenehmes Gleichgewicht zu bewahren, während der arme Anführer, blind gegenüber der menschlichen Natur, ihre Verfehlungen bestraft, ohne sich darum zu bemühen, Abhilfe zu schaffen, und ihnen den Ruf der Teufelei und sogar der Wertlosigkeit einbringt. Doch genau diese Männer waren zu enormen Anstrengungen zum Guten fähig, wenn sie richtig angeleitet wurden. Der Krieg überrascht die Gemeinschaft immer wieder, indem er solche Fälle vermeintlicher Wertlosigkeit in oft brillanten Darbietungen ans Licht bringt. Diese Männer fanden in den Anforderungen des Krieges genug, um all ihre überschüssigen Energien einzusetzen; und gerade aufgrund dieses Vorrats an überschüssiger Energie konnten sie ihre Artgenossen übertreffen.

Männern Arbeit zu geben, um „sie vor Ärger zu bewahren", ist ein ebenso weises wie anstößiges Sprichwort – und es lohnt sich, sich daran zu erinnern, wenn man einen Mann trifft, der auf Ärger aus ist. Es ist ein bekannter Trick in der Armee, einen wilden Burschen herbeizurufen, der ständig Unfug treibt, seinen Stolz zu wecken, indem er einen Teil seiner Persönlichkeit findet, den man loben und auf den man sich verlassen kann, und ihm dann die Leitung einer Truppe von Männern zu übertragen ernenne ihn sogar zum Unteroffizier. In neun von zehn Fällen wird er auf diese Verantwortung mit ungewöhnlichen Diensten reagieren. Die Schwierigkeit besteht darin, eine Gelegenheit zu finden, einen scheinbar schlechten Mann zu befördern, um nicht einen unglücklichen Leistungsstandard für den Gewinn einer Beförderung zu etablieren. Das sind die interessanten Dinge an der Führung.

Selbstachtung ist unerlässlich. — Der Anführer muss auf seine eigene Selbstachtung und die seiner Männer achten. Selbstachtung ist absolut notwendig, um Selbstvertrauen zu haben, und Selbstvertrauen ist absolut notwendig, damit ein Führer oder ein Mensch seine Rolle erfolgreich spielen kann. Wenn die Arbeit effizient voranschreiten soll, muss jeder ständig Entscheidungen darüber treffen, was am besten zu tun ist, und diese Entscheidungen konsequent umsetzen. Jeder muss daher genug Selbstvertrauen haben, um dies zu tun, ohne zu jemandem zu rennen und ihn zu fragen, was er tun soll, um „die Verantwortung abzugeben".

Im Führer. – Zunächst muss der Führer also seine eigene Selbstachtung bewahren – im täglichen Kontakt mit dem Leben und den Menschen und in der Führung seines Amtes. Seine Beziehungen zu seinen Vorgesetzten und Koordinatoren; sein Wissen über seinen Beruf; seine Selbstbeherrschung seines Temperaments, seiner Frivolität, seiner Kleinlichkeit usw.; seine Methoden, die Arbeit zu leiten und mit Menschen umzugehen – all dies dient dazu, seine Selbstachtung zu beeinflussen und zu beweisen, und ist daher Gegenstand seiner Überlegungen. Er muss erkennen, dass er vor seinen Männern als besserer Mann im Job steht als jeder andere von ihnen – und in diesem Sinne möchte er eine Inspiration und keine Entschuldigung sein. Es muss seine Selbstachtung nicht mindern, wenn es ihm entweder an körperlicher Statur oder an Alter und langjähriger Erfahrung mangelt – obwohl beides hilfreich sein kann. Überlegenes Wissen und moralische Qualitäten bestimmen die Eignung eines Menschen für die Führung und gewinnen die Loyalität und den Gehorsam der Männer. Wie oft sahen wir im Krieg, insbesondere in der französischen Armee, ergraute alte Kämpfer, die jungen Leuten, die gerade die Ausbildung abgeschlossen hatten, treu folgten, weil sie Vertrauen in das Wissen hatten, das diese Jungen erworben hatten. Während unserer Wehrdienstausbildung war es nicht ungewöhnlich, dass ein Trupp großer Holzfäller aus dem Nordwesten einem scharfäugigen kleinen Korporal folgte, als ob sie ihn für einen zweiten Napoleon hielten. Es ist nicht die Größe oder das Alter des Körpers, sondern das, was von der Seele in ihm ausgeht, die den Führer eines Menschen ausmacht.

Bei den Männern. — Und zweitens muss der Anführer die Selbstachtung seiner einzelnen Untergebenen schätzen, seien es Anführer kleinerer Gruppen oder die Männer selbst. Er braucht ihre intelligente Zusammenarbeit und ist oft auf ihr individuelles Urteilsvermögen und ihre Bereitschaft angewiesen, ohne besondere Anweisungen weiterzumachen. Und wenn diese Männer nicht an sich selbst glauben und das Gefühl haben, dass er an sie glaubt, werden sie Angst haben, zu entscheiden, was sie tun sollen, und Angst haben, es zu tun, aus Angst vor dem Scheitern und seinen Folgen. Indem der Anführer Vertrauen in sie zeigt, sie niemals als Individuen ignoriert, Gutes fördert und lobt und Fehler korrigiert, entwickelt er die Selbstachtung seiner Männer als sichere Grundlage für das Selbstvertrauen und die Charakterstärke, die sie brauchen um seinen Anforderungen gerecht zu werden.

Mut, Angst und Selbstbeherrschung . — In vielen Tätigkeitsfeldern ist es wahrscheinlich, dass eine Führungskraft zur Bewältigung von Notfällen herangezogen wird, die einen kühlen Kopf und ein starkes Herz erfordern. Manche Männer schrecken davor zurück, Führungsverantwortung in diesen Bereichen zu übernehmen, aus Furcht, dass ihnen die Nerven fehlen und sie vor der Prüfung Angst zeigen. Es sollte für sie hilfreich sein, etwas über diese Emotionen zu verstehen, warum sie auftreten und wie sie kontrolliert werden. Wir können davon ausgehen, dass jeder Angst empfindet, denn die Selbstschutzinstinkte sind vielleicht die stärksten, und Angst ist die instinktive Warnung der Natur vor drohenden Gefahren oder Konsequenzen, die unser Wohlbefinden gefährden . Der Zweck dieser Warnung besteht darin, uns dazu zu bringen, Schritte zu unternehmen, um der Gefahr zu begegnen, und sie führt uns so zum Handeln. Dann vergessen wir die Angst, die in der Regel verschwindet, wenn wir in die Tat umgesetzt werden. Ein entwickelter Geist und Charakter, körperliche Gesundheit und ein entschlossenes Ziel tragen dazu bei, dass man vermeiden kann, Angst zu zeigen oder zuzulassen, dass sie seine Handlungen unangemessen beeinflusst. Niemand würde bereitwillig einem Anführer folgen, dem es an mutigem Charakter mangelt, und ein Anführer kann auch nicht darauf hoffen, erfolgreich weiterzumachen, wenn er sich seiner eigenen moralischen Schwäche bewusst ist. Daher sagen wir, dass sowohl der Anführer als auch seine Männer darauf vertrauen müssen, dass der Anführer über Mut und Charakterstärke verfügt, damit er selbstbeherrscht und in der Lage ist, in den Krisen seiner Arbeit ein ruhiges, vernünftiges Urteil zu fällen. Dieses gegenseitige Vertrauen baut der Leiter durch die Selbstbeherrschung und das gute Urteilsvermögen auf, mit denen er den kleineren Notfällen der täglichen Verwaltung begegnet. Wenn er sich wegen Kleinigkeiten aufregt, brüllt und schreit, weil etwas schief geht, versagt er nicht nur in seiner

Selbstbeherrschung, sondern bringt seine Männer auch dazu, seine Charakterstärke und seine Fähigkeit, einer realen Situation zu begegnen, in Frage zu stellen. Ein neuer Anführer sollte daher Wert darauf legen, sich unter schwierigen Umständen in Selbstbeherrschung zu üben; Er sollte sogar Situationen suchen, die seine Nerven und sein Urteilsvermögen auf die Probe stellen, anstatt Ärger zu vermeiden, wie es der schwache Mann tut, indem er ihn stillschweigend umgeht.

Kontrolle durch die Macht des Beispiels. — Es ist die Aufgabe der Führungskraft, im Notfall Ruhe zu bewahren; gelassen, sogar sardonisch, wenn er es in sich hat, angesichts von Nöten; unbeirrt und sogar lässig angesichts der Gefahr. Die psychologische Kraft der mentalen Suggestion ist heute gut verstanden und gilt als eines der sichersten Mittel zur Kontrolle von Männern. Wenn Sie ein echter Anführer sind, werden Ihre Männer ihre mentale Einstellung von dem übernehmen, was Sie zu sein scheinen. Bei Gefahr werden sie zur Beruhigung Ihre Bewegungen und sogar Ihren Gesichtsausdruck beobachten. Dann lassen Sie eine beiläufige Bemerkung fallen, „leihen Sie sich das Zeug", drehen Sie eine Zigarette, tun Sie etwas ganz Natürliches und zeigen Sie, dass Sie sich in diesen ungewöhnlichen Umständen wohl und sicher fühlen; und Ihre Männer gewinnen ihr schwankendes Selbstvertrauen zurück und haben das Gefühl, dass Sie keine Angst haben. Deshalb müssen Sie in Zeiten unvermeidlicher Not vermeiden, Ärger oder Ungeduld zu zeigen. Ihre sardonische Akzeptanz notwendiger Bedingungen wird unbewusst zu ihren Bedingungen führen und Ihnen die Nervenbelastung und den Schaden für *den Geist ersparen* , die durch Murren, Bocken und das Verfluchen von allem im Allgemeinen entstehen. Und im Notfall müssen Sie vollkommene Selbstbeherrschung zeigen. Denken Sie daran, dass Ihr Verhalten das Ihrer Männer bestimmt. Wenn Sie aufgeregt sind, werden sie es noch mehr sein. Der Notfall erfordert vielleicht die genaueste, zielstrebigste und selbstbeherrschteste Arbeit, und wenn Ihnen das Herz bis zum Hals springt und Ihre Stimme zittert und Ihre Ideen verwirrt werden (und das wird den besten Männern passieren), dann ist nichts als eine Katastrophe Dies kann zu Problemen führen, wenn Sie dies Ihren Männern mitteilen. Sie werden am Ende Zeit und Erfolg gewinnen, wenn Sie sich jetzt die Zeit nehmen, Ihr Herz herunterzuschlucken und vollkommene Selbstbeherrschung wiederzugewinnen, bevor Sie auch nur ein Wort sagen, um Ihre Verunsicherung zu verraten. Geben Sie dann mit ruhiger, selbstbewusster Haltung Ihre Anweisungen, wie es sich für einen echten Anführer gehört. Auf diese Weise gegebene Anweisungen sind ein großer Trost für die Männer und gewährleisten eine stetige, intelligente Ausführung. Im Notfall aufgeregt unüberlegte Anweisungen zu brüllen, ist einer der charakteristischsten Fehler unerfahrener Führungskräfte. Versuchen Sie, sich so zu trainieren, dass Sie zu den Ausnahmen gehören, indem Sie es sich zur

Gewohnheit machen, in jeder Situation zunächst selbstsicher zu sein und dann Ihren Männern ruhig Anweisungen zu geben.

Sie haben die Möglichkeit, dies in den alltäglichen Angelegenheiten des Lebens zu trainieren und können sich so die Fähigkeit aneignen, zu wissen, was im Notfall zu tun ist, und es mit ruhiger Sicherheit zu tun. Bei jedem öffentlichen Unfall oder Notfall gibt es im Allgemeinen einen „bewundernswerten Zuschauer", dessen Verstand augenblicklich reagiert hat, der eingesprungen ist und das Richtige getan hat. Stellen Sie Ihre mentalen Prozesse in Frage, um herauszufinden, warum Sie nicht der Mann waren, und versuchen Sie beim nächsten Mal, sich zu qualifizieren.

Entscheidung. — Es ist charakteristisch für eine erfolgreiche Führungskraft, gute Entscheidungen zu treffen, die nicht geändert werden müssen, und sich daran zu halten, und es ist charakteristisch für die Tapferkeit der Unwissenheit, schnell Entscheidungen zu treffen, die im Allgemeinen falsch sind. Natürlich sind schnelle Entscheidungen vorzuziehen, wenn sie richtig sind. Sie sind in der Armee notwendig, im Zivilleben jedoch nicht in der Regel, wo sich der Anführer im Allgemeinen Zeit nehmen kann, sein Thema abzuwägen, bevor er eine Entscheidung trifft. In vielen Fällen ist es sogar am besten, wenn er sich zunächst die Zeit nimmt , seine Untergebenen zu konsultieren. Aber in jedem Fall muss er letztendlich zu einer eindeutigen Entscheidung über seinen Weg kommen, sie klar als seine Entscheidung verkünden und die Charakterstärke haben, sie ohne Zögern oder Schwanken auszuführen. Der unmögliche Mann als Führer ist jemand, der sich nicht entscheiden kann; der nächstbessere ist derjenige, der von dem letzten Mann beeinflusst wird, der mit ihm spricht; Und zu arm für seinen Job ist immer noch derjenige, der sich, nachdem er eine Entscheidung getroffen hat, angesichts jedes neuen Gedankens oder jeder neuen Entwicklung, die die Zukunft mit sich bringt, dem Schwanken und Wandeln erlaubt. Wenn Sie eine dieser Tendenzen haben, beseitigen Sie sie, indem Sie sich selbst bei der Entscheidungsfindung beobachten. Durch Übung in den kleinen Angelegenheiten Ihres täglichen Lebens entwickeln Sie Ihre Fähigkeit, die wesentlichen Fakten einer Situation zu erfassen, schnell eine Entscheidung zu treffen und daran festzuhalten, auch wenn unwesentliche Dinge auftauchen, die eine Veränderung besser erscheinen lassen.

Wert des Denkens. — Je mehr Sie über die Details und Möglichkeiten Ihres Jobs nachdenken, je mehr Sie sich auf Ihre Arbeit konzentrieren, desto besser sind Sie darauf vorbereitet, schnell gute Entscheidungen zu treffen. „Weil ich immer darüber nachdenke", antwortete Napoleon auf die Frage, wie er in der Kriegskunst so schnelle und präzise Entscheidungen treffen könne. Wir lehren den Vorhutkommandeur, während er marschiert, *ständig darüber nachzudenken,* was er tun wird, wenn der Feind in einer der verschiedenen Situationen auftaucht, auf die er trifft, und so seinen Geist auf eine schnelle

Entscheidung vorzubereiten. In zivilen Angelegenheiten ist also derjenige am besten geeignet, der ein Denker ist, über das anstehende Geschäft nachdenkt und mental darauf vorbereitet ist, seinen Anforderungen an die Führung gerecht zu werden. Es ist das Unerwartete, das einen Mann aus der Fassung bringt und ihn unsicher und unentschlossen macht. Es ist das Überraschungsmoment eines Hinterhalts, der ihn so vorteilhaft macht.

Eine Führungskraft sollte so einfallsreich und urteilssicher sein, dass sie diese Gelegenheiten für schnelle Entscheidungen erfolgreich meistern kann. Für diese Fähigkeit kann er sich einen Namen machen, indem er bestimmte Aufgaben im Voraus sorgfältig plant und so bei der Ausführung schnelle Entscheidungen treffen kann. Aber um diesen Ruf aufrechtzuerhalten, muss er sich angewöhnen, über seine Arbeit nachzudenken, und zwar nicht nur im Vorgriff auf bestimmte Aufgaben, sondern kontinuierlich im Verlauf der Arbeit. Der Geist, der sich nicht an einen Angelausflug erinnern muss, wird die wesentlichen Details einer neuen Situation schneller und genauer erfassen als einer, der weit entfernt war, als das Unerwartete passierte.

Persönlicher Stolz. — Stolz ist eine weitere Eigenschaft der menschlichen Natur, die dem Anführer bei der Kontrolle seiner Männer sehr nützlich ist. So wie er die Selbstachtung jedes Einzelnen hütet und sie als notwendige Grundlage für die männliche und intelligente Reaktion schätzt , die er von ihnen auf die Anforderungen des Dienstes erwartet, so baut er auch ihren persönlichen Stolz auf – auf sich selbst, auf das, was sie tun, und in der Organisation. Dieser Stolz entsteht größtenteils durch die Suche nach Fällen mit überragenden Leistungen und deren Anerkennung. Sobald der Stolz einigermaßen entwickelt ist, wird er zu einem Einfluss, an den sich die Führungskraft erfolgreich wenden kann, um besseres Verhalten, bessere Ergebnisse und geduldiges Ertragen von Härten zu erreichen. Er wird es nicht an einem Tag schaffen, genauso wenig wie er Disziplin oder Moral bekommen wird. Sie entsteht aus der Leistung guter Arbeit, die als solche anerkannt wurde, und beruht auf einem berechtigten Gefühl der Fähigkeit und des Wertes. Erwarten Sie also nicht, dass Sie es erreichen, indem Sie Ihren Männern einfach verkünden, dass sie die Besten sind. Bringen Sie sie zu einem ehrlichen Glauben an ihren Wert, indem Sie ihn anerkennen, indem Sie ihre gute Arbeit loben und indem Sie gegenüber Außenstehenden passende Bemerkungen machen, die einige von ihnen vielleicht belauschen. Finden Sie etwas, in dem sie sich auszeichnen, und prahlen Sie mäßig damit. Wenn möglich, nutzen Sie die Gelegenheit, Ihr Können öffentlich zu zeigen. Wenn Ihre Organisation einmal einen Ruf für Exzellenz erlangen kann, spielt es keine Rolle, wofür, sie wird immer exzellenter – gute Männer werden danach streben, sich ihr anzuschließen, ihr Personal wird sich dadurch verbessern und sie wird weiterhin besser werden.

Stolz auf Organisation. — Der Stolz auf die Organisation hat einen enormen Einfluss darauf, Männer auf dem Laufenden zu halten. Dadurch halten sie sich gegenseitig auf dem Laufenden – und Sie beginnen, die Früchte dafür zu ernten, dass Sie es geschafft haben. Sie sehen, wie sie den Geist der Disziplin entwickeln, auf den Sie gehofft haben, und die Zusammenarbeit in dieser Teamarbeit, die so viel bedeutet. Jeder Anführer sollte stets danach streben, diesen Stolz zu wecken. Auch wenn wir Ihnen vielleicht nicht die genauen Schritte vorschreiben, um es an die verschiedenen Bedingungen anzupassen, wird Ihnen Ihr Einfallsreichtum Wege aufzeigen, wenn Sie Ihr Wissen praktisch nutzen, dass Männer Freude daran haben, Dinge gut zu machen und dass ihre Exzellenz anerkannt wird; dass sich die Exzellenz des Einzelnen im Ruf des Teams widerspiegeln sollte; dass aus der körperlichen und geistigen Entwicklung, die sich daraus ergibt, dass man Dinge bewusst gut macht, Selbstachtung, lobenswerter Stolz und eine Selbstsicherheit wachsen, die den individuellen Charakter stärkt; und dass dies die Elemente des Organisationsgeistes sind, die Sie bei Ihren Männern etablieren sollten.

Wettbewerb, der Einzelpersonen betrifft . — Der Instinkt der Rivalität oder des Wettbewerbs, der einen Mann dazu bringt, unter seinen Gefährten hervorzustechen, ist ein weiteres Instrument des Führers. Dies ist ein so starkes Motiv, dass es mit Bedacht eingesetzt werden muss. Sobald sie in einem echten Wettbewerb starten, werden die meisten Männer wahrscheinlich alles opfern, um zu gewinnen. Ich erinnere mich, wie ich einen meiner jungen Soldaten beim Schummeln entdeckte, als er das Ziel, das er markierte, anfeuerte. Er gab mir völlig offen zu, dass er viele Treffer falsch gewertet hatte, und als ich ihn nach dem Grund fragte, antwortete er unbefangen: „Ich hörte den Kapitän sagen, wir müssen die H-Truppe besiegen, und ich habe versucht, zu helfen.“ Er war so ehrlich, dass ich zugeben musste, dass die Schuld zur Hälfte bei mir lag und ihn nicht bestrafte. Als allgemeine Regel gilt, dass wir von unseren Männern eine hohe durchschnittliche Leistung erwarten, die ohne Beeinträchtigung ihrer Kräfte aufrechterhalten werden kann. Daher müssen Sie den Fall fair beurteilen, bevor Sie den Geist des Wettbewerbs einführen. Sie dürfen es nicht ewig nutzen, um die Männer auf dem Laufenden zu halten, sondern nur bei Gelegenheiten, die sich lohnen . Es gibt moderate Dinge, bei denen es regelmäßig eingesetzt werden kann, um die Anstrengung anzuregen, wie zum Beispiel die Bestleistung von Pünktlichkeit usw. Aber Sie möchten nicht, dass ein Mann sich ständig an seine Grenzen treibt – und deshalb nutzen Sie Ihr Urteilsvermögen, um sich vor Einzelnen zu schützen Verletzungen zu verhindern und den Geist für den Einsatz bei echten Gelegenheiten frisch zu halten.

Teamwettbewerbe . — Der Wettbewerb zwischen Teams, die sich an ähnlichen Unternehmungen beteiligen, wird nicht nur die Ergebnisse steigern, sondern sein großer Vorteil besteht auch darin, dass er die Einzelpersonen jedes Teams in eine enge Zusammenarbeit bringt, damit ihr Team gewinnen kann, und ihnen so ein besseres Verständnis des Geistes vermittelt der Teamarbeit. Da jede Führungskraft ständig versucht, ihre Teamarbeit weiterzuentwickeln, sind diese Rivalitäten weit verbreitet. Wenn Ihr Team jedoch mit einem anderen Team *derselben Organisation konkurriert*, muss es als Mitglied des größeren Teams fair spielen. Für das Verhalten Ihres Teams gelten hier die gleichen Regeln der Zusammenarbeit und Loyalität wie für die einzelnen Mitglieder Ihres eigenen Teams zu Hause. Sie dürfen hier für Ihr Team nichts tun, was dem anderen Team schadet oder es in der Wertschätzung Ihrer Männer mindert. Der Aufbau von Infanteriegeist in Friedenszeiten durch Angriffe auf die Artillerie und der Artilleriegeist auf Kosten der Infanterie erwies sich als kostspielige Angelegenheit, als der Krieg sie in derselben Mannschaft zusammenschloss und jeder für seinen Erfolg im Kampf auf die gemeinsame Seite angewiesen war. Betrieb des anderen. „ Klar ist er gut, aber wir können ihn schlagen", ist die wahre Geisteshaltung bei Wettbewerben innerhalb einer Organisation.

Kümmere dich um deine Männer. — Sich um das körperliche Wohlergehen Ihrer Männer zu kümmern, ist ein interessanter und wichtiger Teil der direkten Verantwortung der Führungskraft. Ich erinnere mich, wie ich während des Baus eines der Kriegsübungsquartiere einen klug aussehenden Mechaniker fragte, der eines Nachts um elf Uhr vorgab, an einer Dampfheizung zu arbeiten, ob er glaubte, in so langen Stunden gute Arbeit leisten zu können er hielt. „Sicher nicht, aber ich kann gut bezahlen." Er war ein anständig aussehender Amerikaner, also fragte ich ihn, wie er einen solchen Geist in dieser Zeit der Regierungsnot rechtfertigen könne. „Weil ich gefüttert werde wie ein Hund und untergebracht werde wie einer." Es stimmte – und die Unwissenheit oder Wertlosigkeit dieses Auftragnehmers verschwendete täglich Tausende von Regierungsdollar durch unnötig unzufriedene Arbeit und verzögerte die Fertigstellung der notwendigen Unterkünfte für die Soldaten. Solche Fälle kommen bei jeder Aktivität häufig vor.

Jeder Auftrag stellt seine eigenen Probleme dar, die entsprechend den Bedingungen gelöst werden müssen. Hier geht es vor allem darum, zu erkennen, dass das Wohlergehen seiner Männer ein wichtiger Gesichtspunkt für den Anführer ist, der von ihnen erwartet, dass sie gute Arbeit leisten. Es scheint unnötig zu sagen, dass die geistige und körperliche Fitness eines Mannes so viel mit seiner Leistung zu tun hat, und doch scheinen so viele Chefs dem Zustand eines Mannes völlig gleichgültig gegenüberzustehen, solange er sich zu seiner Arbeit schleppen kann. In Wirklichkeit sollte es immer der erste Grund sein, Nachforschungen anzustellen, wenn bei einem Mann eine Enttäuschung in seiner Leistung auftritt. Ein Mann kann mit leerem oder saurem Magen keine gute Arbeit leisten und auch nicht andauernd sorgfältig auf Details achten, wenn sich ständig ein Problem in sein Bewusstseinsfeld drängt. Diese letztere Tatsache hat so manchen guten Mann einen Unfall an seiner Maschine gekostet, und der intelligente Vorarbeiter, der weiß, dass schlechte Gefühle, Beschwerden und geistige Probleme eine gute Leistung beeinträchtigen, tut alles, was er kann, um sie zu beseitigen. Wenn Sie Ihre Mitarbeiter nicht in der bestmöglichen körperlichen und geistigen Verfassung halten, vergeuden Sie jegliche potenzielle Energie – indem Sie einen Sechszylindermotor betreiben, der viele Zylinder überspringt. Wie schnell würde der Vorgesetzte hinter einem Vorarbeiter her sein, der das mit einer Maschine machte, dabei aber möglicherweise gar nicht bemerkte, dass viele der menschlichen Maschinen so sehr aus dem Gleichgewicht geraten waren.

Bei dieser Frage der Sorge um das Wohlergehen Ihrer Männer müssen zwei gegensätzliche Überlegungen berücksichtigt werden. Sie sollen in ihnen Selbstachtung, Initiative, Eigenverantwortung und Selbstbestimmung aufbauen und dürfen sie daher nicht bevormunden, verhätscheln oder wie Kinder behandeln. Andererseits muss man die Charakteristika eines Einzelnen in einer Gruppe erkennen – er schiebt die individuelle Verantwortung sofort auf die Schultern der Gruppe . Das ist der Grund, warum jeder Mann einer Kompanie im Lager weiterhin durch den Schlamm waten wird, um eine Quelle zu erreichen, wo in fünf Minuten Arbeit jeder Trittsteine aufbauen könnte, oder um mühsam Wasser aus einem flachen Bach zu schöpfen, wo ein paar Minuten Arbeit nötig wären. Die Arbeit würde es zu einem angenehmen Teich zusammenstauen – und keiner von ihnen würde eines dieser hilfreichen Dinge tun, bis irgendein Anführer vorbeikäme und es befahl. Dieses Bedürfnis nach Aufsicht gilt für jede Aktivität, und der Anführer muss darauf achten, dass seine Männer die Dinge tun, die für ihr Wohlergehen und Wohlergehen notwendig sind.

Dies ist insbesondere bei Arbeiten im Freien erforderlich, beispielsweise im Ingenieur- und Bauwesen. Möglicherweise ist der Mann zu müde oder unerfahren, um selbst für einen bequemen Schlafplatz zu sorgen. Der Chef weiß, dass die Arbeit des Mannes am nächsten Tag von der Ruhe seines Schlafes abhängt und verlangt daher von ihm, dass er es sich einigermaßen bequem macht. Vor allem achtet er ständig auf die Ernährung seiner Männer, insbesondere beim Frühstück. Er sieht, dass sie den besten verfügbaren Schutz und Komfort für die Mittagsruhe haben. All dies gehört einfach zu seiner Aufgabe, den menschlichen Motor, den er bei der Arbeit einsetzt, zu pflegen und anzukurbeln. Seine Aufgabe ist es, die Männer fit zu halten und sie hart zu trainieren – und das Schöne daran ist: Je gründlicher er dies tut, desto glücklicher und zufriedener sind sie. Denn das harte Spiel harter Muskeln und die strenge Überwindung ernster Hindernisse bringen beide eine angenehme Befriedigung der natürlichen Instinkte eines gesunden

Menschen; Instinkte, die ihn zu einem fröhlichen und entschlossenen Akteur im Kampf um die Eroberung der Natur und den Fortschritt der Zivilisation machen sollten. Diese Instinkte der Kampfeslust und der Freude im Kampf, des Siegens, egal welches Hindernis, reagieren leicht auf Appelle und sind für den Anführer, der sie zu nutzen weiß, äußerst hilfreich.

In manchen Industriezweigen obliegt die Betreuung der körperlichen und geistigen Verfassung der Arbeiter einer Wohlfahrtsabteilung, die für eine angemessene Umgebung, sanitäre Einrichtungen, Leichtathletik, Krankenhäuser, Küchen, Bibliotheken, Sparkassen, Country Clubs usw. sorgt – eine Grundlage für erfolgreiches Management. Dennoch bleibt die persönliche Note des Vorarbeiters im direkten Kontakt mit den Männern erforderlich. Er versteht alle angebotenen Einrichtungen, ihre Vorteile und weiß, was das Management für die Männer tun will – und er steht in engem Kontakt, um sicherzustellen, dass die Männer die richtigen Ideen haben und das Beste daraus machen. Aber darüber hinaus gibt es noch die tausend kleinen, heimlichen Dinge der täglichen Arbeit und Freizeit, die der nachdenkliche Vorarbeiter zu seinen Gunsten macht, und die keiner allgemeinen Kontrolle unterliegen und eigentlich in der alleinigen Hand des unmittelbaren Vorgesetzten liegen, um ihre Wirkung auf seine Führung auszuüben Männer spüren sein Interesse an ihrem Wohlergehen, ihrem Erfolg und ihrem glücklichen Leben.

Disziplin schaffen und aufrechterhalten . — Der unerfahrene Mann hat wahrscheinlich mehr Bedenken hinsichtlich seiner Fähigkeit, Disziplin aufrechtzuerhalten, als vor allem anderen, wenn er die Führung einer Gruppe von Männern übernimmt. Er fragt sich, ob sie ihm gehorchen werden und ist sich seiner Disziplinarrolle nicht sicher. Es wird ihm helfen, wenn er eine gute Vorstellung davon bekommt, wie Disziplin aufrechterhalten wird. Es wird oft gesagt, dass Disziplin das Ergebnis der Verwaltung von Belohnungen und Strafen durch den Führer ist. Das ist eine zu enge Sichtweise. In Wirklichkeit ist der Geist, den wir Disziplin nennen, das Ergebnis des gesamten Verhaltens des Führers in Bezug auf sich selbst und seine Arbeit, auf seine Persönlichkeit und Methoden, auf alles, was er für seine Männer, mit seinen Männern und mit ihnen tut. Dabei spielen Belohnungen und Strafen eine wichtige Rolle. Aber Belohnungen haben viel mehr mit dem Aufbau von Disziplin zu tun als Bestrafungen und werden viel einfacher und angenehmer vergeben. Tatsächlich wird der Anführer, wenn er überhaupt den hier dargestellten Führungsgeist entwickelt hat, nur selten Gelegenheit haben, Strafen anzuwenden . Dies wurde immer wieder und bei allen Arten von Männern bewiesen. In jeder Phase menschlicher Bemühungen schaffen eine faire Behandlung und die Ermutigung, die sich aus der wohlüberlegten Wertschätzung guter Absichten und dem Lob guter

Arbeit ergibt, schnell einen Geist, der Strafen völlig unangebracht und unnötig macht.

Ein konkretes Beispiel für die höchste Form strenger Disziplin, die auf rein demokratischen Prinzipien basiert, ist das einer hochqualifizierten College-Football-Mannschaft. Hier sind die individuelle Männlichkeit und Initiative hoch entwickelt, gepaart mit einem Sinn für Unterordnung, Teamarbeit und den Anforderungen an Führung und Disziplin. Hier finden wir sofortigen, bedingungslosen und fröhlichen Gehorsam gegenüber den in Aktion gegebenen Befehlen sowie einen *Esprit* und eine Moral, die das Team dazu bringen, fröhlich die härtesten Gegner anzugehen. Wenn ein Anführer in seiner Gruppe eine Disziplin des schnellen, unbedingten Gehorsams gegenüber Befehlen benötigt, sollte er den Geist der Fußballmannschaft als sein Vorbild betrachten und nicht den Geist des gepeitschten Gehorsams, der auf den Galeeren früher zu finden war.

Disziplin durch Belohnungen. — Die wohl wirksamste Belohnung ist ein kleines Wort der Anerkennung individueller Leistung oder Exzellenz, manchmal reichen sogar ein Nicken und ein Lächeln. Die Hauptsache ist, diesem Mann und den anderen zu zeigen, dass man sieht und wertschätzt, was er tut. Halten Sie daher bei der Überwachung der Arbeit Ihrer Männer Ausschau nach Gelegenheiten, Einzelpersonen zu loben. Übertreiben Sie es nicht, überschwängliches oder unverdientes Lob schadet mehr als es nützt. Behalten Sie es so, wie die Natur es vorgesehen hat, eine Belohnung für hervorragende Leistungen, die jeder Mensch gerne erhält und nach der er natürlich strebt, solange er sicher ist, dass er sie erhalten wird, wenn sie es verdient.

Ein Anführer wird seine Arbeiter inspizieren und nur nach Fehlern suchen und nur reden, um etwas als falsch zu kritisieren; während ein anderer nach guter Arbeit strebt, um sie zu loben, und Fehler korrigiert, um zu zeigen, wie sie besser gemacht werden könnte. Der erste kann seine Männer durch enorme Anstrengung auf einem bestimmten Leistungsniveau halten, der zweite wird sie bald alle in einen Geist der Nachahmung bringen. Smith versteht nicht, warum er nicht so gut abschneiden kann wie Jones von nebenan, dem der Chef seiner Meinung nach Komplimente machte. Die Wertschätzung der Exzellenz eines Menschen spricht direkt einen seiner starken Instinkte an und inspiriert immer wieder zu weiteren Bemühungen, weiteres Lob zu gewinnen.

Einfluss guter und armer Männer. – In jeder Gruppe gibt es immer gewisse Männer mit stärkerem und fröhlicherem Charakter als der Durchschnitt, Männer, die das Beste aus den Dingen machen, die den Rest bei schwierigen Aufgaben aufheitern und deren Einfluss daher von großem Vorteil ist. Der Anführer muss diese Männer zur Kenntnis nehmen und tun, was er kann, um ihren Einfluss bei den anderen zu erhöhen. Wenn er jemandem seine Gunst erweisen muss, sollte er einen dieser Männer als Empfänger auswählen und so jedem zeigen, wie sehr er seinen fröhlichen, hilfsbereiten Geist zu schätzen weiß.

Andererseits gibt es oft bestimmte Männer der gemeineren Sorte . Sie knurren und murren für alle und ihr Einfluss geht dahin, die Moral der Gruppe zu schwächen. Auch diese Personen müssen Sie kennen und tun, was Sie können, um sie zu Fröhlichkeit und Siegeswillen zu bekehren. Wenn der Einfluss eines Mannes schlecht ist, achten Sie darauf, dass Sie nichts tun, um sein Ansehen bei Ihren Mitmenschen zu stärken. Wenn jemand eine unangenehme Aufgabe zeichnen muss, ist es oft gut, sie einem solchen Mann als Belohnung dafür zu überlassen, dass er ein „Kicker" ist. Ein Anführer, der nicht daran dachte und den Fehler beging, die Belohnung einem solchen zu geben, würde der Moral des Ganzen schaden, indem er den Männern das Gefühl geben würde, dass Tugend nicht anerkannt würde und dass es ihrem Anführer an gutem Urteilsvermögen mangele.

Deshalb müssen Sie Ihre Männer kennen und auf ihre Arbeit und ihren Geist achten, damit Sie die Verdienten belohnen und niemals den Eindruck erwecken können, die Unverdienten zu unterstützen. In schwierigen oder angespannten Zeiten, wenn die Moral Ihres Outfits auf die Probe gestellt wird, wird es sich durchsetzen oder scheitern, je nachdem, welche Art von Männern den stärkeren Einfluss hat. Es wird Ihnen dann gut tun, wenn Sie die Hände der starken Fröhlichen gestärkt und sie zu untergeordneten Gefühls- und Meinungsführern in Ihrer Gruppe gemacht haben.

Anführer, ein Menschenmacher . — Das Schönste daran, ein Anführer zu sein, ist die Chance, die es bietet, den Charakter der Männer zu entwickeln – sich mit der persönlichen Gleichung eines schwächeren Bruders auseinanderzusetzen, seine Schwierigkeiten und Schwächen sowie seine Stärken und Möglichkeiten zu entdecken und so weiter Behandle ihn so, dass du einen Mann aus ihm machst. Das bringt Ihnen nicht nur große Zufriedenheit und die persönliche Belohnung, das Gefühl zu haben, dass Sie die Welt durch Ihr Leben ein wenig besser machen, sondern es bringt auch einen tatsächlichen materiellen Gewinn für die Gemeinschaft und Ihre Arbeit, da Sie diesen Mann in die Lage versetzt haben, etwas zu geben mehr als Bürger und als Arbeiter. Viele Armeeoffiziere haben die einzige Erleichterung von der Langeweile der Friedenspflichten darin gefunden, sich intensiv für die Persönlichkeiten ihrer Männer zu interessieren und es sich zur Aufgabe gemacht zu haben, aus dem, was vielleicht scheinbar langweilig war, einen einigermaßen starken, nützlichen Charakter aufzubauen hoffnungsloses Wrack der Menschheit.

Jeder Anführer beeinflusst ständig die Zukunft seiner Männer, bewusst oder unbewusst. Seine Fähigkeit zu belohnen und zu bestrafen macht dies notwendigerweise wahr. Seine Entscheidungen und Autoritätshandlungen zielen jeweils darauf ab, den Charakter des betroffenen Mannes zu stärken oder zu entmutigen. Das ist es, was uns erschaudern lässt, wenn wir sehen, dass diese Führungsmacht in den Händen unwissender, skrupelloser, brutaler oder sogar gedankenloser Männer liegt. Der gute Anführer erkennt, wie er durch strikte Fairness, Ermutigung und Führung die Kräfte seiner Männer entwickeln kann; und wie er durch anhaltende Ungerechtigkeit den Geist eines Mannes brechen, seine Männlichkeit zerstören und ihn zu einem schlechteren Mitglied der Gemeinschaft machen kann, als er ihn vorgefunden hat. Er übernimmt diese Verantwortung und hat Freude daran, seine Macht zum Wohle der Männer, der Gemeinschaft und der anstehenden Arbeit einzusetzen. Er ist gewissermaßen ein „Menschenmacher", und mit diesem Gedanken im Hinterkopf untersucht er sein Problem in dem Wunsch, bestmöglich zu handeln.

Disziplin durch Strafe. — „Strafe" ist ein strenges Wort im Zusammenhang mit alltäglichen Angelegenheiten, aber es gibt kein milderes, dessen Bedeutung ganz auf den Fall zutrifft. In unseren Vorstellungen vom Umgang mit gewöhnlichen Situationen spielt es kaum eine Rolle. Tatsächlich steht es nur als letztes Mittel im Hintergrund. So treten im Gemeinschaftsleben die Strafen des Gesetzes als Angelegenheiten in den Hintergrund, die für gesetzestreue Bürger kein persönliches Interesse darstellen. Dennoch sind die Existenz dieser Strafen und die Mittel zu ihrer Verhängung wesentliche Elemente der Gemeinschaftsorganisation und müssen von den für das Gemeinwohl verantwortlichen Beamten intelligent verstanden werden. In dieser Hinsicht trägt der Führer die gleiche Verantwortung, und es ist notwendig, offen darüber zu diskutieren, wie er diese Macht der Bestrafung nutzen soll, damit er dieser Verantwortung erfolgreich gerecht werden kann.

Die Bestrafung soll ein Korrektiv sein. Es muss zum alleinigen Wohl des Einzelnen und der Gruppe verwaltet werden und darf niemals im Geiste von Rachsucht oder Rache erfolgen. Unter Strafe verstehen wir alle Korrekturmaßnahmen, die üblicherweise zur Disziplinierung von Männern eingesetzt werden – Verweis, Lohnfortzahlung, Privilegienentzug, Suspendierung, Entlassung usw. Die Schwere einer bestimmten Strafe hängt größtenteils von der Art und Häufigkeit ab, mit der sie verhängt wird gegeben. Es ist in jedem Fall eine Frage der betenden Rücksichtnahme auf den Leiter, bis ihn lange Erfahrung in seinem Urteil völlig unfehlbar gemacht hat.

Es ist möglich, einen festgelegten Standard für Strafen festzulegen, beispielsweise eine Strafe, die auf ein solches Vergehen folgt, aber dieser Standard kann nicht willkürlich befolgt werden. Das würde den großen menschlichen Faktor und alle möglichen mildernden Umstände außer Acht lassen. Fairerweise muss jeder Fall einer Straftat nach seinem eigenen Sachverhalt beurteilt werden. Der Anführer muss die besonderen Umstände beurteilen, die Persönlichkeit des Täters berücksichtigen und vor allem das zugrunde liegende Motiv herausfinden. Es ist zweifellos wahr, dass die meisten Männer von Natur aus lieber das Richtige tun und nur aus irgendeinem Grund etwas falsch machen. Sehr oft steckt dahinter ein Gefühl der gekränkten Gerechtigkeit. In jedem Fall kann die Strafe nicht angemessen sein, es sei denn, sie beruht auf einem wahren Verständnis der Tatsachen. Und es muss sowohl vernünftig als auch gerecht sein, denn sein einziges großes Ziel ist die Wirkung, die es auf den Charakter des Mannes und die Gruppendisziplin haben wird. Dieser Effekt ist der entscheidende Faktor. Es ist äußerst wichtig, dass sich sowohl der Führer als auch die Männer stets darüber im Klaren sind, dass die Strafe, die verhängt wird, sowohl zum Wohle aller als auch des Einzelnen erfolgt.

Untersuchung einer Straftat. — Um den tatsächlichen Wahrheitsgehalt der Sache herauszufinden, bedarf es Fingerspitzengefühl und Menschenkenntnis. Sie werden daran interessiert sein, diese Fähigkeit in sich selbst zu entwickeln. Es wird oft schwierig sein, den Mann dazu zu bringen, offen zu sein, er kann nicht ganz an Ihren Wunsch glauben, fair zu sein, und seine Instinkte der Verschwiegenheit, der Kampfeslust, des Sporttreibens usw. stehen Ihnen im Weg. Sich in seine Lage zu versetzen, ist eine gute Regel während der Ermittlungen. Es wird Zeit, Geduld und Geschick erfordern, bis Sie die Tradition etabliert haben, dass die Karten auf dem Tisch liegen und ein fairer Deal für alle besteht. Indem Sie es vermeiden, jemals aus Leidenschaft zu handeln, und indem Sie stets die Entschlossenheit an den Tag legen, die Fakten zu ermitteln und fair zu urteilen, werden Sie bald in der Lage sein, die wahre Wahrheit über jede Straftat herauszufinden und herauszufinden, was es in Ihrer Organisation wirklich bedeutet, dass dieser Mann sie begangen hat wie er es tat. Dann können Sie entscheiden, welche Schritte Sie im besten Interesse aller unternehmen möchten.

Denken Sie nicht, dass dies utopisch ist oder dass es zu viel Zeit in Anspruch nimmt. Es ist die Aufgabe einer Führungskraft, für genau solche Dinge Zeit zu haben – und man spart dadurch wirklich Zeit. Machen Sie es ein paar Mal gründlich, und Sie werden auf diese Weise die Ursache für Schmerzen und Ärger entdecken und ausmerzen und einen Geist der Fairness und des Anstands entwickeln, der Sie bald mit der Freiheit belohnen wird, sich überhaupt nicht mehr mit irgendwelchen Straftaten befassen zu müssen.

Tatsächliche Bestrafung unnötig. — Erfreulich ist, dass jedes Vergehen zwar zur Kenntnis genommen, aber nicht immer tatsächlich geahndet werden muss. Es kann oft zum Gegenstand einer klaren Ansprache an alle Männer gemacht werden, in der erklärt wird, was ein solches Vergehen für den Erfolg des

Unternehmens bedeutet, und es so deutlich gemacht wird, dass auf diese Weise ein besseres Ergebnis erzielt werden kann, ohne überhaupt irgendeine Strafe zu verhängen. Ich erinnere mich an einen Fall in einer der unerfahrenen Kriegsorganisationen, wo ein hochrangiger Offizier, der den Fall eines Mannes bearbeiten sollte, der sich tatsächlich des schweren Vergehens schuldig gemacht hatte, als Wachposten auf dem Posten zu schlafen, dies in seinem Gespräch zu einem starken Anschauungsbeispiel machte der Kompanie, dass er die gesamte Truppe, Offiziere und Männer, diszipliniert auf die Beine stellte und den Wachposten überhaupt nicht bestrafte. Denken Sie also nicht, dass „die Bestrafung immer dem Verbrechen folgen und angemessen sein muss". Benutzen Sie Ihr gesundes Menschenverstandsurteil und tun Sie das, was Ihrer Meinung nach die Disziplin, die Sie allen vermitteln möchten, am besten fördert. Ein Verweis mit einer Erläuterung, was die Straftat für die Disziplinierung bedeutet, reicht im Allgemeinen als Strafe aus.

Die Verantwortung des Führers . — Wenn Sie am Ende entscheiden, dass eine Strafe verhängt werden muss, dann geben Sie sie selbst. Seien Sie sehr eifersüchtig auf die Autorität über Ihre eigenen Männer. Lassen Sie nicht zu, dass sich jemand einmischt oder es für Sie ausübt, wenn Sie es verhindern können. Sie möchten, dass sie von Ihnen Gerechtigkeit erwarten und in Ihnen den Sitz der Autorität sehen, unter der sie handeln und gegenüber der sie Verantwortung tragen. Das bedeutet, dass Sie jeden Fall persönlich bearbeiten und deutlich machen, dass die Entscheidung über die Strafe das Ergebnis Ihres eigenen Ermessens ist. Wenn die Straftat härter geahndet werden muss, als Ihnen zusteht, dann leiten Sie sie nur an eine höhere Behörde und mit Ihrer eigenen Empfehlung weiter. Es ist ein schlechter Offizier, der die Disziplin seines Kommandos einem Kriegsgericht überlässt. Der Gute schickt einen Mann nur in den seltensten Fällen zur Bestrafung vor Gericht, und zwar dann, weil er es mit einem Widerspenstigen zu tun hat, der auf eine angemessene Behandlung nicht anspricht und daher für eine Entlassung in Frage kommt. Die gleiche allgemeine Regel sollte für die Verwaltung aller Ämter in Zivilangelegenheiten gelten.

Schnelles Handeln erforderlich. - Da das Ziel sowohl von Belohnungen als auch von Strafen die Wirkung ist, die sie auf den Einzelnen und insbesondere auf die Gruppe haben sollen, sollten Maßnahmen in beiden Fällen unmittelbar nach dem Anlass ergriffen werden, solange sie allen noch frisch im Gedächtnis sind. Machen Sie Ihren Männern klar, dass Sie die richtige Führungsaufgabe haben und dass das Verhalten jedes Einzelnen für Sie und alle von echtem Interesse ist. Vergehen und Versäumnisse zu übersehen, die vorsätzlich erscheinen, führt dazu, dass sie sich vermehren, und entmutigt die treuen Mitarbeiter. Das Wort oder die Anerkennung einer guten Arbeit ist unmittelbar und hat ihre Wirkung, ebenso wie der erste Schritt zur

Anerkennung oder Korrektur einer Straftat. Dieser erste Schritt kann eine Ermahnung oder sogar eine Rüge sein, wenn Sie sicher sind, dass sie berechtigt ist. Aber der erste Schritt besteht im Allgemeinen darin, den Mann anzurufen und ihn nach seinem Grund zu fragen – und zwar in einem Ton, der davon ausgeht, dass er einen Grund hat und dass Sie beabsichtigen, ihn angemessen zu berücksichtigen. Möglicherweise müssen Sie Maßnahmen für weitere Untersuchungen aufschieben, aber Sie haben den ersten Schritt getan und die sofortige Wirkung erzielt. Es bleibt nur noch, je nach den Umständen eine Entscheidung zu treffen.

Symptome schlechter Führung. – Wir haben alle Männer in Autoritätspositionen gesehen, die schreckliche Beispiele dafür sind, was ein Führer nicht sein sollte. Ein wenig Autorität in ihren Händen scheint das Gleichgewicht in ihren Köpfen durcheinander zu bringen. Sie verlieren jegliches Gespür für den Umgang mit Männern, werden lächerlich willkürlich, großmäulig und polternd. Sie versuchen zu herrschen, indem sie ihnen „Gottesfurcht einflößen", mit größter Stärke und roher Gewalt. Sie sind der Boss, weil sie zum Boss ernannt wurden, und „sie werden es ihnen zeigen." Ihr erster Schritt, wenn sie sehen, dass etwas schiefläuft, ist zu brüllen: „Was zum Teufel machst du da?" in einem Ton, der andeutet, dass der Mann nicht nur ein Narr, sondern auch ein Verbrecher ist. Sie empören sich über jeden Sinn für Männlichkeit, den er haben mag, gehen davon aus, dass seine Motive die eines Diebes und eines Lügners sind – und erwarten dann von ihm, dass er mit guter Arbeit und loyalen Diensten reagiert. Das ist natürlich lächerlich. Solche Kontrollmethoden führen nur zu mürrischem Gehorsam und laden sogar zu offener Rebellion ein. Prahlerei und Gepolter sind nur eine dünne Tarnung für Inkompetenz, und es wäre eine gute Sache für diese Führer, wenn sie die Verachtung und den Ekel erkennen könnten, die sie in die Herzen ihrer Männer einpflanzen. Manche wissen es nicht besser und können durch Training wieder gut gemacht werden, anderen mangelt es an angeborener Charakterstärke und sie sind hoffnungslos. Keiner von ihnen sollte so in der Autorität belassen werden, wie er ist.

Fehlverhalten – Verschulden des Vorgesetzten. — Wenn Sie immer wieder Fälle von Insubordination oder Gleichgültigkeit gegenüber guter Arbeit feststellen, werden Sie im Allgemeinen feststellen, dass die Ursache dafür in der Anwesenheit eines Leiters liegt, der für seinen Job nicht gut genug ist. Dies gilt für die Armee und muss für jede Organisation gelten. Denn es ist wahr, dass Männer im Allgemeinen jeden Job mit der Absicht beginnen, ihn gut zu machen, und wenn viele bei einem Outfit einen Fehler machen, ist die Antwort ziemlich sicher, dass mit dem Anführer etwas nicht stimmt. Ebenso kann es sein, dass ein Anführer, wenn er nicht in der Lage ist, Disziplin aufrechtzuerhalten, die Ursache in sich selbst suchen kann. Wir hören oft die Aussage: „Ich habe den schlimmsten Haufen Anarchisten auf der Welt.

Niemand kann etwas mit ihnen anfangen." Dies ist ein Eingeständnis der eigenen Untauglichkeit des Führers. Männer verhalten sich ungefähr gleich, unterliegen ungefähr denselben Instinkten und werden von denselben allgemeinen Prinzipien kontrolliert. Ich habe gesehen, wie dieselbe Gruppe von Männern, die unter einem nüchternen, engstirnigen Offizier nahezu meuternd war, unter einer neuen Führung, die Prinzipien der Fairness und des Anstands verkörperte, innerhalb weniger Wochen zu einer der diszipliniertesten Gruppen des gesamten Kommandos wurde Umgang mit Männern. Die Lektion ist klar, sowohl für den Mann, der ein guter Anführer sein möchte, als auch für den Arbeitgeber, der möchte, dass seine Untergebenen gute Ergebnisse erzielen.

Anweisungen geben . — So mancher Anfänger fragt sich in seinem Herzen, ob er die Männer dazu bringen kann, ihm zu gehorchen oder nicht. Vielleicht ist dies das erste Mal in seinem Leben, dass er in der Lage ist, Befehle zu erteilen. Er war eher der Diener als der Herr, in den Reihen seiner Jugendbande eher als deren Kapitän. Er hat es nie genossen, Befehle zu erteilen, und wenn er nicht durch einen dominanten Einfluss dazu gebracht wird, ist er nicht in der Lage, Befehle zu erteilen. Dies kommt bei jungen Korporalen in der Armee häufig vor und erfordert Erfahrung und Ausbildung, bevor sie gute Dienste leisten können. Wenn der Jugendliche durch den Ton oder die Art und Weise, wie er den Befehl gibt, verrät, dass in seinem Herzen Zweifel daran bestehen, dass ihm gehorcht wird, fordert er den Adam, der in jedem steckt, einfach zum Ungehorsam auf. Übliche Ausdrucksformen dieser Unsicherheit sind der widerwärtige, entschuldigende Ton und sogar die Worte, das schrille Rufen des Befehls, begleitende Obszönitäten, das ständige Wiederholen des Befehls und Drohungen darüber, was passieren wird, wenn er nicht befolgt wird. Dies alles sind traurige Demonstrationen von Unerfahrenheit oder Inkompetenz, die mit Sicherheit zu Problemen führen werden. Achten Sie darauf, dass Sie jeden dieser Punkte vermeiden, und erlernen Sie die richtigen Methoden. Hier sind ein paar Vorschläge.

So erteilen Sie eine Bestellung. — Erteilen Sie zunächst nicht zu viele Befehle, sondern so wenig wie möglich. Denken Sie an die Anforderungen der modernen Befehlstheorie. Hier können Sie sich direkt bewerben. Stellen Sie daher zunächst sicher, dass der Auftrag notwendig und die zu erledigende Sache sinnvoll ist. Wählen Sie dann einen geeigneten Mann für diese bestimmte Aufgabe aus, nennen Sie diesen Mann beim Namen, um seine Aufmerksamkeit zu erregen, und fordern Sie ihn dann in einem ruhigen Ton auf, dies und das zu tun, so wie ein Baseballkapitän einem Mitglied der Mannschaft sagt, er solle den dritten Platz übernehmen Base. Von Gehorsam ist keine Rede, kein Gedanke daran. Ihr ruhiger Ton lässt nicht darauf schließen, dass der Mann taub, ein mürrischer Hund oder ein Krimineller ist, sondern dass er ein intelligentes, loyales Mitglied des Teams ist, dessen Kapitän Sie sind. Es wird ihm nicht in den Sinn kommen, einem solchen Befehl nicht zu gehorchen.

Wie man keine Befehle erteilt . — Andererseits werden Sie selbst seinen Ungehorsam anregen, wenn Sie durch Ton oder Worte seine Männlichkeit beleidigen, seine Loyalität und seinen Gehorsam in Frage stellen oder ihn durch Drohungen zum Ungehorsam herausfordern. Wir sehen dies oft in den Angelegenheiten des täglichen Lebens veranschaulicht, wo von Männern, die in der Autorität ungeübt sind, verlangt wird, diese auszuüben und im Allgemeinen Befehle auf eine Art und Weise zu erteilen, die Ärger hervorruft, anstatt fröhlichen Gehorsam zu erregen. Dies gilt sicherlich für die meisten Straßenbahnschaffner und ähnliche Inhaber einer kurzen Vollmacht. Durch Beobachtung können Sie täglich ein Dutzend Lektionen lernen, wie man Befehle erteilt – zehn, wie man sie nicht erteilt, und zwei, wie man es tut, um reibungslose Ergebnisse zu erzielen.

Als ihr erster regulärer Armeeausbilder besuchte ich einmal eine ziemlich neue Truppe der Nationalgarde-Kavallerie, die irgendwo auf die Idee gekommen war, dass Gehorsam gegenüber Befehlen im Verhältnis zum Lärm resultieren würde. Jeder Befehl wurde den Männern zugebrüllt und im Allgemeinen von einer Salve von Obszönitäten begleitet, in einem erbärmlichen Versuch, Autorität auszuüben. Es war ein erstaunlicher Beweis dafür, dass man nicht wusste, wie man mit Männern umgeht, und erregte natürlich weder den Respekt noch den Gehorsam des gemeinsten Mannes in der Truppe. Es war eine Freude zu beobachten, wie scharfsinnig sie die richtige Befehlslehre verstanden und wie sich die Disziplin der gesamten Organisation im Zuge der Veränderung entwickelte. Dieselben Männer entwickelten sich schnell zu echten Anführern und führten zweifellos zum Erfolg.

Es ist also klar, dass Ungehorsam oft die direkte Folge der Art und Weise sein kann, wie der Befehl erteilt wurde, und Sie sollten dies bei der Untersuchung eines Falles bedenken. Das rechtfertigt zwar nicht, dass Sie diesen speziellen Verstoß übersehen, es sollte Ihnen aber ermöglichen, die Ursache des Problems zu beheben und so weitere Verstöße zu vermeiden. Möglicherweise können Sie dem Untergebenen beibringen, Befehle korrekt zu erteilen, oder Sie müssen ihm möglicherweise die Autorität entziehen.

Das Warum einer Ordnung. — Es ist eine gute Sache, wenn möglich gleichzeitig mit der Erteilung der Anweisungen den Grund für die Durchführung einer Sache anzugeben. Dies weckt nicht nur das intelligente Interesse des Mannes an der Ausführung, sondern gibt ihm oft auch die Chance, bessere Arbeit zu leisten, weil er versteht, was das gewünschte Ergebnis ist. Natürlich gibt es Gelegenheiten für schnelles Handeln und für einfache Maßnahmen, bei denen dies nicht sinnvoll wäre. Wenn Sie also diese Idee nutzen, um zu erklären, warum, müssen Sie auf zwei Dinge sorgfältig achten: Erstens darf es nie so aussehen, als ob Sie sich für die Erteilung des Befehls entschuldigen würden. Es muss klar sein, dass Sie erklären, was zu tun ist, und nicht, warum es angeordnet wird. Und zweitens: Vermeiden Sie es, einen Geist oder eine Gewohnheit zu entwickeln, die einem Mann das Gefühl gibt, innezuhalten und nach dem „Warum" zu fragen, wenn man ihn einfach dazu auffordert, etwas zu tun, wie in einem Notfall. Daher geben Sie den Grund für die Maßnahme nur dann an, wenn klar ist, dass die Umstände dies rechtfertigen und wenn dies zu besseren Ergebnissen führt.

Notwendigkeit, Anweisungen zu befolgen . — Ebenso wichtig beim Erteilen von Anweisungen ist es, darauf zu achten, dass sie ausgeführt werden. Das bedeutet nicht, dass Sie Ihren Mann finster anstarren sollen, bis er sich bewegt hat. Gehen Sie Ihrem Geschäft in der absoluten Gewissheit nach, dass er weitermacht. Aber wenn er scheitert, sollten Sie es unbedingt zur Kenntnis nehmen und Maßnahmen ergreifen. Zu viele Führungskräfte haben das Gefühl, dass sie ihren vollen Beitrag geleistet haben, als sie den Befehl gegeben haben. Selbst geringfügige Versäumnisse zu übersehen, führt wahrscheinlich zu schwerwiegenderen; Und wenn sich ein Mann des direkten vorsätzlichen Ungehorsams schuldig macht, ist dies in jeder Organisation eine sehr ernste Sache, da dies die Disziplin aller gefährdet und drastische Maßnahmen erfordert. Lassen Sie es nicht wahr sein, dass Sie durch Ihre unentschlossene Führung einen Mann nach und nach in diese Situation hineingeführt haben, sei es aufgrund Ihrer Faulheit, Ihrer Unwissenheit oder Ihres Mangels an Mut, Ihre Autorität durchzusetzen.

Was die Ausführung von Anweisungen anbelangt, ist es am hilfreichsten, die Organisation zur Regel zu machen, dass von einem Mann, wenn ihm eine besondere Aufgabe übertragen wird, erwartet wird, dass er dies sofort nach Erledigung meldet. Sie erkennen hier die Vorteile gegenüber der Methode, einem Mann etwas zu sagen und ihm dann das Gefühl zu geben, dass Sie daran kein Interesse mehr haben. Der Mann erkennt, dass Sie wissen werden, wie viel Zeit er dafür benötigt, und Sie erkennen, dass Ihre Pflicht nicht vollständig erfüllt ist, wenn die Anweisungen gegeben werden. Es gibt Ihnen die Möglichkeit, seine Leistung zu überprüfen und seine Expedition oder Exzellenz zu loben; und es gibt dem Mann die Chance, zu versuchen, dieses Lob zu gewinnen. Es ist, als ob ein Vater, wenn er seinem Sohn eine bestimmte Aufgabe gibt, sagen würde: „Lass es mich wissen, wenn du fertig bist." Er würde bessere Ergebnisse erzielen, als wenn er den Jungen mit dem Gefühl allein ließe, dass sein Vater sich nicht weiter dafür interessieren würde.

Vorsätzlicher Ungehorsam. – Aber bei aller Rücksichtnahme auf alles Ihrerseits kann es dennoch vorkommen, dass Sie in einer bestimmten Angelegenheit auf einen Fall von direktem vorsätzlichem Ungehorsam stoßen. Möglicherweise liegt ein Umstand vor, der außerhalb Ihres Wissens oder Ihrer Kontrolle liegt. Wenn Sie diesen Fall klug angehen und den Mann in der Organisation retten wollen, müssen Sie erkennen, wie sein Geist funktioniert, und entsprechend handeln. Er konzentriert seine Fähigkeiten auf diese besondere Sache – er drängt sie von den normalen, einfacheren Kanälen des Gehorsams ab und muss sie auf die Aufgabe konzentrieren, diesen neuen Kanal des Ungehorsams zu durchbrechen. Wie es so schön heißt, hat er „sich darauf konzentriert". Um ihn zum Gehorsam zu bewegen, müssen Sie seine Fähigkeiten zunächst von dieser Konzentration ablenken, indem Sie von ihm verlangen, dass er in aller Stille etwas Einfaches tut, wie etwa Ihnen einen Artikel zu geben oder seine Kleidung zurechtzurücken, also etwas, von dem Sie ganz sicher sind, dass er es für Sie tun wird. Dann können Sie in einfachen Schritten einen Geisteszustand entwickeln, der es Ihnen ermöglicht, das ursprüngliche Problem vernünftig zu besprechen, so Ihre Kontrolle zurückzugewinnen und ihn vor schwerwiegenden Folgen zu bewahren. Wir haben einen ähnlichen Fall im Pferdetraining. Wenn der Trainer darauf beharrt, dass er eine bestimmte Bewegung ausführen muss, wird das Pferd oft stur und weigert sich, sich überhaupt zu bewegen. Der Trainer geht dann ganz einfach zu einer einfachen Sache über, die das Pferd auf Befehl tun wird – vielleicht gehen, anhalten und wieder gehen. Auf diese Weise stellt er die Kontrolle wieder her und kehrt dann durch die Schritte, die das Pferd ausführen wird, nach und nach zur ersten Prüfung des Gehorsams zurück und stellt fest, dass es gefügig ist. Es erfordert Geduld und ein hohes Maß an Führungsqualitäten, um einen Mann in so schweren Fällen wie diesem zu retten, aber Sie werden Freude daran haben, es geschafft zu haben. „Jeder Dub kann einen Mann feuern" – das wollen Sie besser machen.

Bestellungen sind selten notwendig. – Aber das Beste am Erteilen von Befehlen ist doch, dass man sie nicht erteilen muss. Im Allgemeinen gilt: Je besser die Führung, desto weniger Befehle werden erteilt. Teamarbeit, Kooperation, Initiative und Loyalität der Untergebenen – all diese Entwicklungen intelligenter Führung machen Befehle weitgehend überflüssig – und Dinge werden als Reaktion auf Vorschläge und in der Ausführung von Anweisungen darüber, was zu tun ist, getan. Wir können den Anführer beneiden, dessen Männer als Reaktion auf seinen ruhigen, festen Befehlston aufspringen. Aber stellen Sie sich nicht vor, dass er diese Fähigkeit von irgendeinem Baum des Wissens oder des Lebens zum Verzehr ausgewählt hat. In einer praktischen Schule hat er einen starken Charakter und Menschenkenntnis entwickelt, gelernt, dass Selbstbeherrschung der erste Schritt zur Kontrolle anderer ist und dass Männer auf die Behandlung, die sie erhalten, gleichwertig reagieren.

Der Tonfall . – Nicht nur beim Erteilen von Befehlen, sondern bei all Ihren verbalen Gesprächen spielt der Ton Ihrer Stimme eine durchaus bedenkenswerte Rolle. Es ist ein starkes Element Ihrer Persönlichkeit in seiner Wirkung auf andere und steht leicht unter Ihrer Kontrolle. Es könnte für Sie von Interesse sein, im Folgenden Ihre Töne zu betrachten, um die wichtige Rolle zu erkennen, die die menschliche Sprache bei unserer Entwicklung vom reinen Animalismus gespielt hat. Zweifellos vergingen Jahrhunderte, bis der primitive Mensch den Gebrauch der Sprache erlernte. Es war der einzige große Schritt, mit dem er seine Überlegenheit gegenüber den anderen Tieren der Schöpfung unter Beweis stellte und seinen Fortschritt sicherte. Denn die Sprache ist die Grundlage und der Träger allen Wissens; und allein ermöglichte die für unsere gegenwärtige Leistung notwendigen mentalen Prozesse. Und doch sehen wir heutzutage Menschen, die diesbezüglich so blind sind und diesem fundamentalen Unterschied zwischen ihnen und den Tieren so gleichgültig gegenüberstehen, dass sie es sich erlauben, zu brüllen, zu knurren, zu jammern und zu plappern, ganz ähnlich wie bestimmte bekannte Arten. Andere verpfuschen beklagenswerterweise den Gebrauch ihrer Stimme; so dass man ihre verklingenden Töne kaum wahrnehmen kann oder innerlich vor ihrem krächzenden Ton zurückschrecken muss. Menschen versuchen tatsächlich, die Meinung anderer zu gewinnen und sprechen dennoch in einem Ton, der so abstoßend ist, dass allein die Konvention uns dazu zwingt, zu bleiben, um ihnen zuzuhören. Schade, dass sie nicht daran denken, sich selbst so zu hören, wie andere sie hören, und so lernen, dieses natürliche Gut nicht länger zu opfern. Denn die halbe Kraft der Sprache liegt im Ton.

Wir alle können uns an Fälle erinnern, in denen es der Tonfall war, der den Ärger verursachte. „Es lag nicht so sehr an der Sache, die er gesagt hat, sondern an der bösen Art, wie er es gesagt hat" hat so manchen Mann dazu gebracht, auf die Matte zu gehen. Aber es ist nicht der Einzige, der Ärger verursacht, denn der Tonfall kann so viel bewirken. Wir haben auch den kühlen, ruhigen Ton eines Anführers gesehen, der Ordnung aus dem Chaos schafft und bei aufgeregten Männern die Kontrolle und das Selbstvertrauen wiederherstellt; der männliche, lebhafte Ton, der der Arbeit der Männer Schwung verleiht; und der feste, selbstbewusste Ton, der gehorsames Gehorsam durch Gefahren und Not schafft. Die Macht der Sprache wird also als enorm angesehen – lasst uns sie zum Vorteil nutzen, und zwar so, wie es den Mitgliedern der Menschheit gebührt.

Der Mob -Geist. – Da jeder Mensch Gelegenheit hat, sich mit dem „Menschengeist" und sogar mit dem „Pöbelgeist" auseinanderzusetzen, ist es gut, eine Vorstellung davon zu haben, wie diese Dinge zustande kommen und kontrolliert werden. Unter normalen Umständen sind die Mitglieder einer Gemeinschaft als Individuen aus Rücksicht auf die öffentliche Meinung und ihr eigenes Verantwortungsbewusstsein gesetzestreu und zurückhaltend. Ein Gefühl des gemeinsamen Unrechts kann bestimmte Menschen zu einer Gruppe zusammenschließen, um gemeinsam Wiedergutmachung zu erlangen oder Verbesserungen herbeizuführen. Diese Gruppe beginnt möglicherweise ohne die Absicht, eine offensichtliche Handlung zu begehen oder auch nur eine bestimmte Sache tatsächlich zu tun, und wird am Ende doch zu den bedauerlichsten Exzessen verleitet.

Einzelpersonen in Massen. — Die Individuen, aus denen die Gruppe besteht, haben bis zu einem gewissen Grad ihre Identität verloren und einen Großteil ihrer individuellen Verantwortung auf die Schultern der Gruppe abgewälzt. Dadurch kommt es zu dem Gefühl, dass sie die Freiheit haben, Dinge zu tun, die sie als Einzelne niemals in Betracht ziehen würden, und dass sie von Aussagen und Vorschlägen kontrolliert werden, von denen sie wissen, dass sie unter normalen Umständen absurd sind. Damit nähern sie sich einem Punkt, an dem sie nicht mehr auf vernünftige Vernunft und logische Argumente reagieren, sondern auf Impulse, die durch leidenschaftliche Appelle, gewagte Vorschläge, fast alles, was einen eingängigen Klang hat und oft genug wiederholt wird, hervorgerufen werden. Und so kann es sein, dass sie am Ende zu einem Mob werden, der blinden Impulsen unterliegt und von der Unvernunft beherrscht wird.

In ihren Anfängen lässt sich diese Gruppe leicht kontrollieren, da der „Pöbelwille" noch keine Gestalt angenommen hat und die Individuen noch einen gewissen Sinn für Vernunft, persönliche Verantwortung und Angst vor Konsequenzen haben. Aber je länger sie zusammen bleiben, je größer ihre Zahl, je mehr sie als eine Körperschaft mit einem gemeinsamen Ziel dargestellt werden, desto sicherer wird diese Menge Gestalt annehmen und ihre Verwandlung in einen Mob ermöglichen. Indem Sie mit der Menge auf Augenhöhe bleiben, stärken Sie deren Einheit und fördern das Wachstum ihres gemeinsamen Willens. Maßnahmen zur Kontrolle der Situation müssen schnell und entschlossen erfolgen und auf eine sofortige Zerstreuung der Menge abzielen. Möge der Mob-Geist einmal richtig in Fahrt kommen, seine Einheit spüren und seinen unvergleichlichen Anführer finden, und er kann nur durch ähnliche Taktiken wie die des Demagogen, der ihn jetzt anführt, oder durch den Einsatz der bewaffneten Kräfte des Gesetzes kontrolliert werden. Dies sind Punkte, die es wert sind, dass jeder Bürger darüber nachdenkt, ob er nun darüber nachdenkt, sich einem Mob anzuschließen oder ihn zu verhindern versucht.

Abschluss. — Da Sie feststellen, dass diese Diskussion beendet ist, fragen Sie sich möglicherweise, wie ich so und so nicht als eines der wichtigsten Elemente der Führung erwähnen konnte. Ich hoffe, dass Sie das tun, denn damit haben Sie einen großen Schritt in Richtung Führung gemacht, indem Sie selbst die Anforderungen berücksichtigt und abgewogen haben.

Abschließend möchte ich noch einmal betonen, dass Sie im Umgang mit Männern nur Erfolg haben werden, wenn Sie sich über diese Fragen Gedanken machen und sich für Ihre persönlichen Methoden und Verhaltensweisen entscheiden. Lassen Sie Ihr Ziel klar und würdig sein und Ihre Politik auf fairem Handeln basieren. Sei aufrichtig, selbstlos und gerecht; Machen Sie Ihre Männer zu Partnern mit Ihnen im Unternehmen und machen Sie Ihre Persönlichkeit so, dass sie ihre loyale Zusammenarbeit und Gefolgschaft zulassen; Denken Sie daran, dass Ihr Ziel darin besteht, ihre Arbeitskraft durch ihre entwickelte individuelle Männlichkeit und ihren ausgeprägten Charakter zu steigern. und erarbeiten Sie dann die Details entsprechend Ihrer eigenen Erfahrung und Ihrem Urteilsvermögen.